# 「玉音」放送の歴史学

八月一五日をめぐる権威と権力

岩田重則

青土社

# 「玉音」放送の歴史学　目次

# 「玉音」放送の歴史学　八月一五日をめぐる権威と権力

# はじめに

## 「聖断」と「玉音」放送の権力発動

一九四五年（昭和二〇）八月一五日正午、昭和天皇（一九〇一－八九）がラジオ放送でポツダム宣言受諾「詔書」を朗読（実際は録音したレコード盤から音声を流す）、国民向けにアジア太平洋戦争終結を告げた。これは「玉音」放送、昭和天皇による戦争終結の決定は「聖断」、八月一五日は「終戦の日」（「終戦記念日」、一九八二年四月一三日閣議決定では「戦没者を追悼し平和を祈念する日」）といわれる。

日本の近現代国家の起点、一八六八年（慶応四・明治一）の明治維新から七七年がたっていた。いっぽう、一九四五年（昭和二〇）から二〇二三年（令和五）現在までは七八年である。一八六八年（慶応四・明治一）から数えたとき、一九四五年（昭和二〇）は、二〇二三年（令和五）現在まで一五五年の中間地点にあたる。この前半終了と後半開始の中間地点が、一九四五年（昭和二〇）の「聖断」と「玉音」放送であった。

歳月は現実の経験を遠ざける。「聖断」と「玉音」放送が、映像・写真・音声、セレモニー、はたまた戦争遺跡・記念日・記念碑・資料館などの記憶にのみ残るようになった。それはときにステレオタイプとなり、正座また直立不動で「玉音」放送を聴く国民、皇居前にぬかずく国民をうつし出す。いっぽう、昭和天皇死去の一九八九年（昭和六四・平成一）前後に至るまで、一部知識人・研究者による戦争責任論もあったが、それもいつのまにか雲散霧消した。「聖断」と「玉音」放送を知らない人たちも増えた。

しかし、一九四五年（昭和二〇）の「聖断」と「玉音」放送は、現在にいたる日本の近現代国家の歴史的な中間地点であり転換点である。この転換点を、国家史また国家機構史によって再構成することができないだろうか。

なぜならば、アジア太平洋戦争を終結させた「聖断」と「玉音」放送は、昭和天皇が天皇大権により戦争終結を決定、それを命令する公式文書「詔書」を国民向けに朗読、大日本帝国憲法（明治憲法）が規定する天皇の統治権の行使であったからである。ありていにいえば、昭和天皇による国民に向けての直接的な権力発動である。この権力発動が、日本の近現代国家の前半を終了させ、後半を開始させた。

本書が明らかにしたいのは、第一には、この転換点における統治権者昭和天皇の権力行使の実態である。それはおのずと、統治権者昭和天皇の権力基盤の解明ともなる。

## 権威による権力発動の隠蔽

不思議なことに、日本社会では、「聖断」と「玉音」放送を昭和天皇の権力発動であるとする認識は弱い。それらが昭和天皇の恩恵であるかのような共同幻想すらある。

なぜ、そのようになったのであろうか。

権力は、それと表裏一体であるかのように、その権力の正統性を保障するための権威を持つ。特に、天皇が絶対的権力を持つ大日本帝国憲法が規定する立憲君主制のように、ひとりの統治権者に権力を集中させる国家は、その権力の根拠を説明する権威を創出する。それは、この立憲君主制では、記紀神話以来の神聖性、天皇王朝の「万世一系」性であった。それを表象のレベルでいえば、ヨーロッパ王権の象徴が王冠・王笏《しゃく》であるのに対して、天皇王朝の象徴は「三種の神器」ということになろう。全体主義国家であれば、内戦また革命により権力を奪取、その国家を作った一党独裁政党の正統性であろう。

この権威が権力発動を隠蔽、また、権力の責任をうやむやにさせる機能を果たすと考えることができないだろうか。

本書が明らかにしたいことの第二は、この権威による権力発動の隠蔽である。ひとつの歴史的事実を異なる意味にすり替え、そのすり替えをあたかも歴史的事実であるかのように認識させてしまう共同幻想のからくりである。

統治権者の権力発動を、その正統性を担保する権威が隠蔽またぼやかしていた。メディアがその道具となった。一般化できるかどうかわからないが、すくなくとも、「聖断」と「玉音」放送では、権威がそのような機能を果たした。

## 明治維新と、「聖断」と「玉音」放送

本書は、前記二つを明らかにする歴史叙述のために、明治維新から説き起こす。

なぜならば、日本の近現代国家の一つ目の起点は一八六八年（慶応四・明治一）の明治維新、二つ目の起点がそれから七七年後、一九四五年（昭和二〇）の「聖断」と「玉音」放送によるアジア太平洋戦争終結であり、それから七八年後の二〇二三年（令和五）現在にいたる日本の近現代国家は、負の遺産も含めて、これら一つ目と二つ目の起点の重層、歴史的蓄積のうえに存在するからである。日本の近現代国家を歴史的に理解するためには、両者を連動させた分析が必要となろう。

そのうえで、中心とするのは、一九四五年（昭和二〇）八月、昭和天皇による一四日の「聖断」と一五日の「玉音」放送である。これらに焦点を絞りつつ、前後に広げ、時間の順序にそって事実を再構成し、大日本帝国憲法をはじめ法制に規定された国家機構のなかに、「聖断」と「玉音」放送を落とし込め分析をかけたいと考えている。

なお、本書では、日本の近現代国家について、「天皇制」を使うことは避けた。日本の近現代国家を意味させるとき「天皇制」は使われるべきではないと考えている。立憲君主制でよいのではないだろうか。一八六八年（慶応四・明治一）明治維新から一八九〇年（明治二三）一一月二五日大日本帝国憲法施行を経て、一九四七年（昭和二〇）五月三日日本国憲法施行までの期間、日本の近現代国家は立憲君主制である。詳述は控えるが、「天皇制」とは一九三〇年代、日本共産党が「天皇制」

解体、革命を目的として、階級分析により日本の近現代国家を表現した用語である。第一義には政治的な目的概念であった。また、もっとも留意すべきは、「天皇制」はコミンテルンおよび全体主義者スターリン体制下のソ連を絶対的な権威として跪拝した政治戦略的概念であったことである。「天皇制」はそもそも学術用語ではない。「天皇制」用語は氾濫してきたが、それについての正確な理解が必要であろう。

革命を目的とした「天皇制」は、ロシア革命を模範とし、その革命をプロレタリア革命に急激に転化されるべきブルジョワ革命とする二段階革命論であった。それは階級分析により日本の近現代国家の半封建性を強調、明治維新を絶対主義的変革としてとらえた。その半封建的性の頂点に天皇を位置づけた。あえていえば、この階級分析を社会分析のための一方法とすることは可能である。しかし、本書のように、階級分析を行なわないとすれば、「天皇制」の適用は方法的にも対応しない。それのみならず、「天皇制」が明治維新を絶対主義的変革とする断定は、本書が明治維新とアジア太平洋戦争終結を、天皇の権威と権力の、獲得と行使の過程でとらえる方法とも異質である。

国家の統治権者天皇の持つ権威と権力、この両者を分析のための基準に設定し、「玉音」放送とは何であったのか、それを明らかにしていきたいと思う。

# 第1章　天皇の権威と権力

## 「玉」（明治天皇）を掌握した薩長討幕派

近現代日本、明治維新とアジア太平洋戦争終結、二度の国家の転換点において、天皇の権威と権力が浮上した。

正確にいえば、明治維新ではいまだ青年の明治天皇（一八五二―一九一二）が権力を掌握せず、薩長討幕派と幕府側、双方にとって、天皇の権威を掌握することが、権力奪取のための必須条件であった。

よく知られる、一八六七年（慶応三）一一月二二日品川弥二郎あて木戸孝允書簡は、それを端的に語る。

玉《ぎょく》を我方へ奉抱《かかえたてまつり》候御儀、千載之一大事に而《て》、自然万々一も彼手に被奪《うばわれ》候而は、たとへいか様之覚悟仕《つかまつり》候とも現場之処四方志士壮士之心も乱れ、芝居大崩れと相成三藩之亡滅は不及申《もうすにおよばず》、終《つい》に皇国は徳賊之有《ゆう》と相成、再不可復《ふたたびふくすべからざる》之形勢に立至り候儀は鏡に照すよりも明了《（明瞭）》に御座候

〔妻木忠太編 一九三〇：三三八頁〕〔平出－原文〕〔句読点は適宜補った－引用者〕

薩長討幕派（「我方」）が「玉《ぎょく》」（明治天皇）を掌握する（「奉抱」）ことこそが、権力奪取のための必須要件であり、それができなければ、幕府側によって権力を再構築（「皇国は徳賊之有と相成」）されるという。

将軍徳川慶喜（一八三七－一九一三）が、京都の二条城で大政「奉還」を行なったのは、その前月一〇月一四日であり、幕府側は権力再構築を模索していた。

薩長討幕派は、木戸孝允（一八三三－七七）がこの書簡を書いた一一月二二日、軍事力により京都を制圧しようとする。

翌二三日、約一万の薩摩藩兵が入京、京都「御所」北側の相国寺《しょうこくじ》（臨済宗）を屯所とした。五日後の二八日、広島藩兵三〇〇人が入京する〔宮内庁編 一八六八：五五〇頁〕。二五日、長州藩は奇兵隊・振武隊・整武隊・鋭武隊など諸隊を三田尻《みたじり》（山口県防府市）から出航させ、二九日西宮に上陸する〔末松編 一九一三：二〇五－二〇六、二〇八頁〕。陸路をとった後続諸隊もあった〔末松編 一九一三：五一一頁〕。上坂・上京の長州藩兵は、海路による先発隊が一二〇〇人、陸路による後続部隊が一三〇〇人であった〔宮内庁編 一九六八：五五二頁〕。

一二月一日、『明治天皇紀』は、軍事力をもって大坂・京都を制圧しようとする薩長討幕派を次のように記す。

一日萩藩の兵大挙東上して摂津西宮に次《じ》す、（中略）是に於て京都以西、萩・鹿児島・広島三藩の聯盟兵を以て充たされ、勢威大に振ふ。
［宮内庁編 一九六八：五五二頁］

京都以西は、長州藩（「萩藩」）・薩摩藩（「鹿児島藩」）・広島藩、三藩兵が制圧している（「勢威大に振ふ」）というのである。

一二月九日、薩長討幕派は、京都および「御所」を制圧したこの軍事力を背景に、王政復古の「沙汰」書を出し、同日の「小御所」会議で徳川慶喜の辞官・納地を決定する。大政「奉還」により幕府側が模索した権力再構築を破綻させる。

明治維新、薩長討幕派の権力奪取は、その軍事力により、「玉」（明治天皇）のいる京都および「御所」の制圧によって可能となった。薩長討幕派は、「玉」（明治天皇）の権威を掌中に置かなければ、その権力の正統性を獲得することができなかった。

## 孝明天皇葬儀に「供奉」しようとした徳川慶喜

天皇の権威の重要性を認識していたのは、幕府側とても同じであった。

一八六六年（慶応二）一二月二五日孝明天皇（一八三一－六六）死去に際して、将軍徳川慶喜みずからが、幕閣とともに見舞いと弔問に訪れる。江戸幕府一五人の将軍のうち、天皇死去に際して直接「御所」に行き、見舞いと弔問をした将軍は徳川慶喜だけであろう。

一二月五日、徳川慶喜が将軍となる。孝明天皇の発病（疱瘡とされる）は一二日後の一七日であった。その四日後の二一日、徳川慶喜は、老中板倉勝静《かつきよ》（一八二三－八九）・京都守護職松平容保《かたもり》（一八三六－九三）・京都所司代松平定敬《さだあき》（一八四七－一九〇八）など幕閣とともに孝明天皇を見舞い、将軍職「宣下《せんげ》」の礼を述べる。二五日孝明天皇が死去すると、三〇日の入棺に際して、徳川慶喜は弔問に訪れ「御棺」に礼拝している〔岩田二〇一七：二五〇頁〕。

歳明け一八六七年（慶応三）一月二七日の孝明天皇葬儀に先立ち、一月八日には、幕府は朝廷に、徳川慶喜の葬儀への参加と弔問を打診する。飛鳥井雅典《まさのり》（一八二五－八三）の『飛鳥井雅典日記』は、それを次のように記す。

御葬送之節、大樹供奉《たいじゅぐぶ》御願被在之候旨被申出候、且御入棺後参《さん》内《だい》焼香来十二日十三日之内、何れ之方可被申出候哉。

〔東京大学史料編纂所所蔵『大日本維新史料稿本』慶応三年一月八日部分〕〔闕字－原文〕
〔句読点は適宜補った－引用者〕

徳川慶喜（「大樹」）は孝明天皇の葬儀への「供奉」を打診、また、一二日か一三日に焼香したいという希望であった。この焼香は一三日に実現する。

ただし、二七日の孝明天皇葬儀への「供奉」については、徳川慶喜は老中板倉勝静・京都守護職松平容保・京都所司代松平定敬などとともに「御所」清涼殿まで行くが、襲撃のうわさにより葬儀への参加を見送っている〔渋沢 一九一八：四六七頁〕。

将軍徳川慶喜は、孝明天皇の葬儀への参列はなかったが、見舞いを一回、弔問を二回していた。それは『飛鳥井雅典日記』が、葬儀への参列希望を、「大樹供奉」の「申出」と記したように、孝明天皇に対して臣下の礼をとってのことであった。

徳川慶喜も、天皇の権威を楯に、その将軍としての権力を構築しようとしていた。

明治維新とは、薩長討幕派と幕府側、双方が天皇の権威の掌握を目的とし、その権力基盤を構築しようとした。その抗争の結果は、軍事力に上まわった薩長討幕派の勝利、権力奪取であった。敗れた幕府側は天皇の権力基盤となることができず、勝利した薩長討幕派が天皇の権力基盤となり近現代国家を構築する。

## 「大日本帝国憲法義解」による大日本帝国憲法（明治憲法）の「国体」

明治維新は天皇の権威の競い合いであった。やがて、薩長討幕派は奪取した権力を、成文化された国家機構によって整備する。その頂点に位置するのが大日本帝国憲法（明治憲法）である。

大日本帝国憲法は、一八八九年（明治二二）二月一一日紀元節に合わせて公布、翌一八九〇年（明治二三）一一月二九日第一回帝国議会開会とともに施行された。

伊藤博文（一八四一－一九〇九）・井上毅《こわし》（一八四三－九五）が一八八九年（明治二二）発表した『帝国憲法 皇室典範 義解』のなかの「大日本帝国憲法義解」は、大日本帝国憲法についての公式解釈書といってよいだろう。この「大日本帝国憲法義解」は、第一条を注釈する前段階で、天皇およびその地位、それらと大日本帝国憲法との関係性について、次のようにいう。

恭テ按スルニ、天皇ノ宝祚《ほうそ》ハ之ヲ祖宗《そそう》ニ承ケ之ヲ子孫ニ伝フ国家統治権ノ存スル所ナリ、而シテ憲法ニ殊ニ大権ヲ掲ケテ之ヲ条章ニ明記スルハ、憲法ニ依テ新設ヲ表スルニ非スシテ、固有ノ国体ハ憲法ニ由テ益《ますます》鞏固《きょうこ》ナルコトヲ示スナリ

〔伊藤博文 一八八九：一－二頁〕〔句読点は適宜補った－引用者〕

天皇の地位（「宝祚」）は、皇室の先祖神と歴代天皇（「祖」＝「皇祖」、「宗」＝「皇宗」）を承けて統治権（「国家統治権」）を持つ。この大日本帝国憲法はそれを成文化するが、それは新造ではなく、すでに持つその統治権をあらためて確認し、強固（「鞏固」）にしたにすぎない。

「大日本帝国憲法義解」は、「祖宗」が継続してきたとされるこの天皇の統治権を、「固有」の「国体」という。

もちろん、この「固有」の「国体」とは、その「国体」語彙じたいが、水戸学の会沢安《やすし》（一七八二－一八六三）が一八二五年（文政八）に執筆、筆写により普及、尊王攘夷派のバイブル的存在『新論』による造語であったように、幕末から近現代にかけて創生された尊王思想にすぎない。「固有」ではない。

「大日本帝国憲法義解」は、『新論』における「国体」からの発展形態といってよいだろう。それ

は、『新論』は天皇の「万世一系」性の強調を主軸とするが、「大日本帝国憲法義解」はそれをすすめて、「万世一系」の天皇が統治権を持ち、さらに、その統治権が「固有」であると言い切っているからある。

それは「大日本帝国憲法義解」による「国体」語彙の再定義であった。「国体」は抽象的な語彙ではない。そこにおける「国体」は、過去から、そして未来へも、永遠に継続する天皇の統治権、日本の国家意思を決定する権力とされた。

## 「大日本帝国憲法義解」における天皇の権威と権力

大日本帝国憲法は、第一条「大日本帝国ハ万世一系ノ天皇之《これ》ヲ統治ス」からはじまる。天皇の「万世一系」性とその統治権を措定する。「大日本帝国憲法義解」は、この第一条を公式解釈して、次のようにいう。

恭テ按スルニ、神祖開国以来時ニ盛衰アリト雖、世ニ治乱アリト雖、皇統一系宝祚ノ隆ハ天地ト与《とも》ニ窮《きわまり》ナシ本条首《はじ》メニ立国ノ大義ヲ掲ケ我カ日本帝国ハ一系ノ皇統ト相依テ終始シ古今永遠ニ亘《わた》リ一アリテ二ナク常アリテ変ナキコトヲ示シ以テ君民ノ関係ヲ万世ニ昭カニス

［伊藤博文 一八八九：二頁］

天皇の統治権を確認し、その統治は天皇（「君」）と国民（「民」）との関係であるという。続けて次のようにいう。

統治トハ大位ニ居リ大権ヲ統《す》ヘテ国土及臣民ヲ治ムルナリ　［伊藤博文 一八八九：二頁］

天皇大権が国土と国民（「臣民」）のすべてを統治するという。そこにおける統治の概念は権力の行使である。それとともに、国民は国民ではなく、天皇に対して「臣民」とされる。君主の天皇が「臣民」を統治するという、「君民」の関係概念としても示された。統治の概念が、君主の国民への権力としてのみならず、君主の「臣民」への権威として、両義性をもって確定された。

大日本帝国憲法が規定する、天皇の統治権、「国体」とは、このように、国民に向けて天皇の権威と権力、双方を明確にするものであった。

そのうえで、大日本帝国憲法第三条「天皇ハ神聖ニシテ侵スヘカラス」は、この天皇の権威について、その絶対性を説明する。

「大日本帝国憲法義解」によるこの第三条の公式解釈は、天皇の「神聖」性を強調するだけではない。「神聖」であるがゆえに、天皇は「無答責」とされる。

蓋《けだし》天皇ハ天縦惟神至誠ニシテ臣民群類ノ表ニ在リ欽仰スヘクシテ干犯スヘカラス故ニ君主ハ固

ヨリ法律ヲ敬重セサルヘカラス而シテ法律ハ君主ヲ責問スルノ力ヲ有セス独《ひとり》不敬ヲ以テ其ノ身体ヲ干瀆スヘカラサルノミナラス併セテ指斥言議ノ外ニ在ル者トス　［伊藤博文 一八八九：五頁］

天皇は法律を尊重しなければならないが、法律は天皇を問責（「責問」）する権利を持たず、天皇は批判の対象外にあるという。

大日本帝国憲法における天皇の「無答責」条項である。その「無答責」は「神聖」性と表裏一体、「神聖」性により最高度の権威を強調、それが「無答責」の根拠とされる。「大日本帝国憲法義解」が公式解釈する天皇の「無答責」とは、法的解釈でありながら、その根拠は「神聖」性による天皇の権威によって説明されていた。

大日本帝国憲法が規定する、一九四七年（昭和二二）五月三日日本国憲法施行以前の天皇は、このように、最高度の権威と権力を保有し、しかも、それら権威と権力とが混然一体となり相互補完的である、そのような立憲君主制の頂点に立つ存在であった。

# 第2章　戦争終結派の「国体護持」と昭和天皇「御親政」

## 戦争終結派のネットワーク

大日本帝国憲法が、天皇の権威と権力を明記し、天皇による立憲君主制を規定していた最終段階、アジア太平洋戦争末期、その戦局を決定づけたのは、一九四四年（昭和一九）七月七日サイパン島日本軍守備隊の全滅であった。七月一八日に開戦内閣の東條英機（一八八四－一九四八）内閣が総辞職、七月二二日に小磯国昭（一八八〇－一九五〇）内閣が成立する。八月一一日にはグァム島の日本軍守備隊が全滅する。ヨーロッパ戦線では、六月六日に連合軍がノルマンディー上陸に成功、パリ解放は八月二五日であった。

柔軟なネットワークによる戦争終結への政治勢力（いわゆる「重臣」「宮中」グループ）、戦争終結派が形成されるのが、このサイパン島日本軍守備隊全滅前後からであった。

戦争終結派が主導権を握る政治過程、一九四五年（昭和二〇）八月一五日「玉音」放送にいたる政治過程、それは、戦争終結派が戦争継続派から昭和天皇の権力基盤を奪取する過程であるとともに、昭和天皇の権威と権力が最大限に浮上する過程でもあった。

戦争終結への政治過程については、昭和天皇の戦争指導を追求した、山田朗『昭和天皇の戦争指導』（一九九〇）・『大元帥・昭和天皇』（一九九四）、藤原彰『昭和天皇の十五年戦争』（一九九一）、纐纈厚『「聖断」虚構と昭和天皇』（二〇〇六）・『日本降伏——迷走する戦争指導の果てに』[*1]（二〇一三）などが明らかにしてきた。しかし、それらは昭和天皇の戦争責任を問うことに比重を置き、政治過程を追いつつも、大日本帝国憲法に規定される権威と権力の行使、国家意思の決定を、立憲君主制のシステムのなかでとらえることは少なかった。

アジア太平洋戦争は、その開始も終結も、大日本帝国憲法による立憲君主制に規定された統治権者昭和天皇による天皇大権の行使である。仮に、戦争責任を問うとすれば、個別の戦争指導・戦争犯罪も重要であるが、第一義は、国家意思決定の根幹にかかわる部分、立憲君主制における国家意思決定において、それを論じるべきであったのではないだろうか。たとえば、家永三郎『戦争責任』（一九八五）が、立憲君主制の機構、法的側面を重視し、大日本帝国憲法に照らして、昭和天皇の戦争責任（あるいは、大日本帝国憲法第三条に照らして「無答責」）を問いかけた方法が重要であったのではないだろうか。

戦争終結派の代表者として、近衛文麿（一八九一－一九四五）元総理大臣、岡田啓介（一八六八－一九五二）元総理大臣[*2]、米内《よない》光政（一八八〇－一九四八）元総理大臣（小磯内閣・鈴木内閣では海軍大臣）、若槻礼次郎（一八六六－一九四九）元総理大臣、皇族からは直宮《じきみや》で海軍大佐の高松宮宣仁《のぶひと》（一九〇五－八七）、陸軍大将の東久邇宮稔彦《ひがしくにのみやなるひこ》（一八八七－一九九〇）、彼らのもとで情報収集と情報伝達・交換に動いた細川護貞《もりさだ》（一九一二－二〇〇五）、高木惣吉（一八九三－一九七九）海軍軍令部出仕兼海軍大学校研究部員などをあげることができよう。

戦争終結派のネットワーク形成にあたり、その裏方は岡田元総理大臣、中心は近衛元総理大臣であったようである。若槻元総理大臣が、『古風庵回顧録』（一九五〇）のなかで、東條内閣総辞職前後を、次のように回想している。

この近衛、平沼、岡田および私の四人の会同は、この時初めて行われたものでなく、これ迄も時々集まっており、場所は大てい近衛邸で、岡田が専ら斡旋していた。（中略）近衛が軍人に受けるのは、それは利用されるからである。日本を今日に導いたのは、もちろん軍人であり、軍人の有力分子であつたことに間違いはない。

しかしそれは東條一人でやり得ることではない。東條などは、陸軍の軍務局長や次官などと大てい同じもので、彼一人の力は知れたものである。近衛の如きその高い家柄とか、その世間受けの人気とか、いろ〲の点が、少なからず軍人に利用されたことは、見逃すことが出来ない。利用された人は気の毒であるが、利用された責任は、あくまで負わねばならない。

しかしその近衛自身も、戦争の推移、戦時下の国情に直面して、これはいかん、早く平和に戻さなければならんと、前非を後悔して来た。そうはハッキリいわんが、私にはそう受取れた。

＊1　戦争責任論については、吉田裕「戦争責任論の現在」（二〇〇五）・赤澤史朗「天皇の戦争責任論への射程」（二〇〇五）がすでに整理している。

＊2　近衛文麿の記述については、姓の近衛は「近衛」に統一する。ただし、文献・引用資料中、「近衛」とするものについては「近衛」のままとした。

［若槻 一九五〇：四二六－四二七頁］

東條内閣総辞職以前から、岡田元総理大臣が主唱、近衛文麿邸を会場として、近衛・岡田・若槻と平沼騏一郎《きいちろう》（一八六七－一九五二）元総理大臣の四人による会合が行なわれていた。東條内閣総辞職前後には、近衛元総理大臣が戦争終結への意思を固めるようになっていたという。矢部貞治『近衛文麿 下』（一九五二）によれば、この四人の会合は一九四四年（昭和一九）春ごろからで、直近の目的を東條内閣打倒に置いていた［矢部 一九五二：四八四頁］。

## 近衛文麿「速かに停戦すべしというのは只々国体護持のためなり」

近衛元総理大臣は戦争終結を考えるようになった。しかし、それが国民のため、平和の希求であったのかどうか、それについては疑問を持たなければならない。

『近衛日記』（一九六八）によれば、サイパン島日本軍守備隊全滅の五日前、一九四四年（昭和一九）七月二日、近衛元総理大臣が、松平康昌《やすまさ》（一八九三－一九五七）内大臣秘書官長に次のように述べている。

速かに停戦すべしというのは只々国体護持のためなり。サイパンにおける敵基地完成せば、今月中にも我国六十余州はことごとく空爆圏に入るべく、さらに連合艦隊無力化の結果は何時本土上

> 陸作戦の開展（ママ）を見るやも図られず。その場合における人的、物的損害はけだし支那事変以来の消耗の幾十倍、幾百倍に上るべし。かかる事態ともならば最憂慮せらるるは国体の問題なり。
>
> 〔共同通信社「近衛日記」編集委員会編　一九六八：三六－三七頁〕

「速かに停戦すべしというのは只々国体護持のためなり」、戦争終結の目的はただひとつ「国体護持」のためであった。

近衛は続けて次のようにいう。

> 現に当局の言明によれば皇室に対する不敬事件は年々加速度的に増加しおり、又、第三インターは解散し、我国共産党も未だ結成せられざるも、左翼分子はあらゆる方面に潜在し、何れも近く来るべき敗戦を機会に革命を煽動せんとしつつあり。これに加うるにいわゆる右翼にして最強硬に戦争完遂、英米撃滅と唱う者は大部分左翼よりの転向者にして、その真意測り知るべからず。かかる輩が大混乱に乗じて如何なる策動に出づるや想像に難からず。故に敗戦必至と見らるる場合、見込なき戦争を継続することは国体護持の上より見て最危険といわざるべからず。即時停戦は此意味において緊要事なり。
>
> 〔共同通信社「近衛日記」編集委員会編　一九六八：三七頁〕

近衛は共産主義革命を恐れている。コミンテルン（「第三インター」）・日本共産党（「我国共産党」）が組織として存在しなくとも、共産主義者が戦争終結（＝敗戦）を契機として活動を再開する。それが「国体護持」からみて、もっとも危険（＝最危険）であるという。

近衛が戦争終結を目的とするのは、「国体」の破壊、共産主義革命を恐れてのことであった。言い方を換えれば、近衛にとって、「国体護持」が戦争終結よりも上位にあり、戦争終結は「国体護持」のための手段であった。

これは、よく知られる、一九四五年（昭和二〇）二月一四日近衛が昭和天皇に「上奏」した「近衛上奏文」でも同じである。その冒頭の、「敗戦は我国体の一大瑕瑾《かきん》たるべきも、英米の輿論は今日迄の所国体の変更とまでは進み居らず」「随つて敗戦だけならば、国体上はさまで憂ふる要なしと存候」「国体護持の立前より最も憂ふべきは、敗戦よりも敗戦に伴うて起ることあるべき共産革命に候」〔細川護貞一九七八：三六〇頁〕をみるだけでも明らかであろう。

それのみならず、近衛は「国体護持」至上主義者とでもいうべく、昭和天皇の在位および生命よりも、「国体護持」が優先であるという。富田健治『敗戦日本の内側――近衛公の思い出』（一九六二）によれば、「近衛上奏文」の前月、一九四五年（昭和二〇）一月ごろ、第二次近衛内閣（一九四〇年七月－一九四一年七月）・第三次近衛内閣（一九四一年七月－一九四一年一〇月）の内閣書記官長をつとめた富田健治（一八九七－一九七七）貴族院議員に向かい、次のようにいったという。

御上には最悪の場合の御決心もあると思う。恐れ多いことだが、その際は単に御退位ばかりでなく、仁和寺《にんなじ》とか大覚寺にお入りになり、戦没将兵の英霊を慰められるのも一方法かと思うし、又申すも憚《はばか》れることだが、連合艦隊の旗艦に召されて、艦と共に戦死して頂くことも、これこそが、ほんとうの我国体の護持ではないかと思う。

［富田 一九六二：二一六頁］

昭和天皇（「御上」）は退位し宮門跡《みやもんぜき》の仁和寺また大覚寺で戦死者慰霊を行なう、あるいは、特攻攻撃であろう大元帥として連合艦隊旗艦で戦死、これが「国体護持」のために必要ではないかとさえいう。近衛であろうとも、漏洩すれば、不敬罪をまぬがれ得ない発言であった。

## 戦争終結派の「国体護持」至上主義

「国体護持」のための戦争終結、この命題は、戦争終結派において共通また一貫する。

サイパン島の戦いが続く一九四四年（昭和一九）六月二六日、近衛邸を訪問した高村《こうむら》坂彦（一九〇二－八九）元近衛総理大臣秘書官・細川護貞・富田健治の三人が、近衛に向かい次のようにいう。

我々は三人異口同音に、敵上陸若しくは爆撃ありては、国内の混乱あるべく、対外的影響も悪く、たゞいたづらに国民の犠牲を加ふるのみなるを以て、最早完全に戦争による解決の道なくんば、皇室を残す条件のみを固守して、無条件降伏すべき覚悟を持つ内閣を作らざるべからず、と主張し、公も納得す。

［細川護貞 一九七八：二五〇頁］

細川・富田・高村の三人は、「国体護持」の言葉こそ使わないが、「皇室を残す条件のみを固守」し「無条件降伏」でよいとする。近衛（「公」。近衛は「公爵」）もそれに同意している。七月一〇日、サイパン島日本軍守備隊全滅から三日後、米内光政元総理大臣が、細川護貞に次のようにいう。

大将は、サイパン決戦は、結果の是非を問はず決行せざるべからず、而して後国家百年の計を考ふべきなり。勝負には運あれば、敗るゝも羞に非ず、もとく国力以上の仕事を為したれば、斯くなるは明かにして、玉砕等出来得べきものに非ず、国体だけは断じて守らざるべからずと。全く余と同意見なりき。〔細川護貞 一九七八：二六四頁〕

米内（「大将」）も、アジア太平洋戦争は国力以上の戦争であり、敗戦は必至である。しかし、「国体だけは断じて守らざるべからず」という。米内も「国体護持」であった。

九月一七日、高松宮宣仁が高木惣吉に、「御語気鋭ク権威ヲ帯ビテ」「大御心《おおみごころ》ニアラズヤトノ印象」で、次のように述べたという。

戦争終末対策ノ眼目ハ国体ノ護持ニ在ル。
玉砕デハ国体ハ護レヌ。又玉砕ト云ツテモ女子供迄玉砕出来ルモノデモナイ。夫レハ「サイパ

ン」ノ実例デモ明瞭デアル。〔伊藤隆編 二〇〇〇：七六五頁〕

直宮の高松宮にとっても「国体護持」は至上命題であった。「戦争終末対策ノ眼目ハ国体ノ護持ニ在ル」と明言している。

ただし、この高松宮の発言は国民の犠牲に配慮したためではなかろう。サイパン島日本軍守備隊全滅は民間人の犠牲でも知られるが、「玉砕」の全滅戦術は「国体護持」のためには実益がないという論理であった。

戦争終結派とその基本政策「国体護持」は、サイパン島日本軍守備隊全滅、東條内閣総辞職の一九四四年（昭和一九）七月前後から形成され、一貫して揺らぐことはなかった。

一九四五年（昭和二〇）七月一二日、日本は政府としてのみならず昭和天皇の意思としても、ソ連を仲介としての和平交渉を企図し、近衛特使のソ連派遣を決定する〔木戸 一九六六：一二一六－一二一七頁〕。その基本方針として、酒井鎬次《こうじ》（一八八五－一九七三）陸軍中将・伊藤述史《のぶふみ》（一八八五－一九六〇）元情報局総裁・富田健治がとりまとめた「和平交渉に関する要綱　近衛特使の為めに起案」も、その基本政策は「国体護持」であった。

「一　方針」で「難きを求めず悠久なる我国体を護持するを主眼とし」、「二　条件」でも「国体の護持は絶対にして一歩も譲らざること」という〔伊藤隆編 二〇〇〇：九二一頁〕。そして、この「二　条件」を説明して、次のようにいう。

国体ノ解釈ニ就テハ皇統ヲ確保シ、天皇政治ヲ行フヲ主眼トス。但シ最悪ノ場合ニハ御譲位モ亦止ムヲ得ザルベシ。此ノ場合ニ於テモ飽ク迄モ自発ノ形式ヲトリ、強要ノ形式ヲ避クルコトニ努ム。之ガ為メノ方法ニ就テハ木戸侯ニ於テ予《あらかじ》メ研究シ置カレ度。〔伊藤隆編 二〇〇〇：九二二頁〕

「皇統」の確保と「天皇政治」を第一義とし、そのためには、昭和天皇の退位さえ選択肢におく。昭和天皇個人よりも「国体護持」を最優先する「国体護持」至上主義である。

結果的に、ソ連を仲介とするこの「和平交渉に関する要綱　近衛特使の為めに起案」は活用されなかった。しかし、「国体護持」の最優先という戦争終結派の方針は、ポツダム宣言受諾においても貫かれたといってよいだろう。*3

戦争終結派の「国体護持」至上主義には、もうひとつの特徴がある。それは、戦争継続派の統帥（陸海軍）、特に陸軍を切り捨てることにより、それを実行しようとしている点である。開戦内閣の総理大臣東條英機を象徴的な絶対悪とし、そこに全責任を負わせようとする。

近衛文麿と東久邇宮稔彦との間にくりかえされた会話はそれを端的に物語る。

細川護貞『細川日記』（一九七八）によれば、一九四四年（昭和一九）四月一二日、近衛邸を訪問した東久邇宮は、近衛と次のような会話をする。

公は昨夜、東久邇宮殿下に拝謁し、自分としてはこのまゝ東条にやらせる方がよいと思ふと申し上げた。夫れは若し替へて戦争がうまく行く様ならば当然替へるがよいが、若し万一替へても悪いと云ふことならば、せつかく東条がヒットラーと共に世界の憎まれ者になつてゐるのだから、彼に全責任を負はしめる方がよいと思ふ。米国は我皇室に対し奉り如何なる態度をとるか不明なるも、伊藤君も云ふ通り、個人の責任即ち陛下の責任は云々するかも知れぬが、皇室と云ふが如き観念は彼等には少いし、加ふるに東条に全責任を押しつければ幾分なりとその方を緩和することが出来るかも知れない。

［細川護貞一九七八：一八〇－一八一頁］

サイパン島日本軍守備隊全滅、東條内閣総辞職の三ヶ月前であった。近衛（文麿）と東久邇宮は、昭和天皇と皇室に影響を及ぼさないようにするために、戦争と戦局悪化の全責任を東條に転化させればよいという。近衛と東久邇宮の同様の会話は六月二二日にもある。『近衛日記』によれば、東久邇宮が近衛に次のようにいう。

自分は矢張り東條に最後まで責任をとらせるがよいと思う。悪くなったら皆東條が悪いのだ。す

＊3　政治行動によった戦争終結派のほかに、「国体護持」を基本方針として戦争終結を考えそれを提言した人物に、南原繁（一八八九－一九七四）東京帝国大学教授・高木八尺《やさか》（一八八九－一九八四）東京帝国大学教授がいる。矢部貞治《ていじ》（一九〇二－六七）東京帝国大学教授の仲介により［矢部一九七四：八〇八－八一一頁］、一九四五年（昭和二〇）六月八日南原が高木惣吉と、六月一五日南原・高木八尺が高木惣吉と面談、「国体護持」を基本とした戦争終結を提言している［伊藤隆編二〇〇〇：八八一－八八二、八八六頁］。それは六月一五日の「国体ノヨーゴ、皇室ノ存続ヲ思ヒ、皇室ノ側カラハ、国民ノ此上ノ戦禍ヲ救フ態度ヲトラレルコトカラ、休戦ヲヤラレル、和平ヲ命ゼラレルコトガ、時局収拾ノ方途ノ策ト思フ」［伊藤隆編二〇〇〇：八八六頁］という意見だけでも明らかであろう。

べての責任を東條にしょっかぶせるのがよいと思うのだ。内閣が変ったら責任の帰趨がぼんやりして最後には皇室に責任が来るおそれがある。だから今度はあくまで、東條にやらせるがよい…。

〔共同通信社「近衛日記」編集委員会編 一九六八：一〇-一一頁〕

東條英機を象徴的なスケープゴートにしているが、「国体護持」のためには統帥を犠牲とする、あるいは、統帥を犠牲として「国体」再生をはかる、これが戦争終結派の政治戦略であった。

## 政治性のない鈴木貫太郎総理大臣と昭和天皇「御親政」

一九四五年（昭和二〇）三月一七日硫黄島の日本軍守備隊が全滅する。三月二六日アメリカ軍が沖縄本島南西の慶良間《けらま》諸島に上陸、四月一日沖縄本島読谷村《よみたんそん》に上陸する。六月二三日まで組織的戦闘が続いた沖縄戦のはじまりであった。アメリカ軍は本島中部から北部をまたたくまに制圧、五月下旬までには日本軍が主要防御線をひく浦添・那覇・首里のラインまでを制圧する。

欧米では戦後に向けての動きがはじまる。四月一二日アメリカのルーズベルト（Franklin Delano Roosevelt 一八八二-一九四五）大統領が現職のまま死去、副大統領のトルーマン（Harry S. Truman 一八八四-一九七二）が大統領となる。四月二五日サンフランシスコで連合国全体会議がはじまる（六月二五日国連憲章調印。一〇月二四日国際連合成立）。四月二三日ソ連軍がベルリンへ入る。三〇日ヒトラー（Adolf Hitler 一八八九-一九四五）が自死、五月七日ドイツが連合国に無条件降伏する。第二次世界大戦の枢軸国で戦争を継続しているのは日本のみとなった。

日本は唯一の枢軸国になっただけではない。アメリカ軍は、小笠原諸島の南方、硫黄島を占領、沖縄全島の占領も時間の問題であった。

このような状況のもと、四月五日小磯国昭内閣が総辞職、七日鈴木貫太郎（一八六七―一九四八）内閣が成立する。鈴木の選出は総理大臣経験者「重臣」の合議による。鈴木は陸軍ではなく海軍出身であった。この鈴木内閣が戦争終結内閣となる。

鈴木は枢密院議長であったが、同じ海軍出身の岡田啓介元総理大臣・米内光政元総理大臣とは異なり、戦争終結派として動いていたわけではない（鈴木が総理大臣になったため後継の枢密院議長は平沼騏一郎）。一九三六年（昭和一一）二・二六事件のときは侍従長であり、昭和天皇から信頼されていたという。しかし、政治から距離を置いていた。岡田啓介が「大命は鈴木に降下した。ところが困ったことに鈴木は、そういったまるで政治に関心のうすい男だったからどういうふうにして組閣をするか、事務的なことも一切知らない様子だ」［岡田述 一九五〇：二三五頁］と回想する。政治性を欠如させた人物というのが正確なところであろう。

もちろん、東條英機・小磯国昭と二代連続した陸軍出身の総理大臣から、海軍出身の鈴木貫太郎への転換は、戦争終結派の影響力が強まった結果といえよう。

しかし、課題とされなければならないことは、なぜ、戦争終結派は昭和天皇に信頼されながらも、このように政治性を欠如した鈴木貫太郎を、総理大臣として推薦したのか、そして、そのような人物が総理大臣であることは、戦争末期の局面においてどのような政治的機能を果たすのか、ということである。しかも、鈴木は総理大臣就任時点で満七七歳の高齢、二・二六事件での傷痕もかかえていた。

これについては、あんがい、高松宮宣仁が細川護貞に語った次の発言が正鵠を射ているのではないだろうか。小磯内閣が総辞職する二日前、四月三日であった。

午後七時、高松宮邸伺候、内閣の危機に就き種々言上す。殿下は、「鈴木大将を総理にすると云ふ案は、考へて見るとなかく面白いと思ふ。第一、御上の御信任が厚いと云ふこと、第二に御上の御思し召し通りに政治を運用しようと努力するだらうこと、第三に意志が強固だと云ふこと」。鈴木大将が御引受けしないと思ひますと申し上げたる所、「夫れは政治はやらないかも知れないが、もうかうなれば政治でもないし、まして御親政といふことならば、思し召しを具体化することのみやればよいのだから、其の点から説いたらよいのではないか」と仰せあり。

〔細川護貞 一九七八：三七九頁〕

高松宮宣仁（「殿下」）は、三点において、鈴木貫太郎が総理大臣として適任であるという。第一には昭和天皇から信頼されていること、第二には昭和天皇の政治意思のままに行動すること（「御上の御思し召し通りに政治を運用」）、第三には強い意志を持つこと、が理由である。さらに加えて、高松宮は、このような鈴木貫太郎であるので、天皇親政（「御親政」）であれば、その政治意思を実現さえすればよいので（「思し召しを具体化することのみやればよい」）、適任ではないかという。

大日本帝国憲法が規定する天皇の統治権、権力の行使を、昭和天皇の天皇親政によろうとするためには、政治性を欠如した「忠臣」鈴木貫太郎こそが最適であるという論理であった。

戦争終結派が一九四五年（昭和二〇）四月までに把握した、戦争終結のための最大の要点は、大日本帝国の国家意思を最終決定するのは、結局のところ、大日本帝国憲法に規定され、この国家の権威と権力を一身に集めた、昭和天皇の政治意思いかんによるということであった。戦争末期の危機的状況では、昭和天皇の権威と権力、統治権を持つ昭和天皇の決定力が、最高度の意味を持つ。

昭和天皇が、戦争終結への意思を固めれば戦争終結へと、逆に、戦争継続へと意思を固めれば戦争継続へと、舵を切ることができる、それが大日本帝国憲法に規定された国家機構であった。それを着実に実行、天皇の統治権を最大限に発揮させ、天皇親政を実現させるためにもっともふさわしい総理大臣が、政治性のない鈴木貫太郎であった。

## 「最近（五月五日ノ二、三日前）御気持ガ変ツタ」

アジア太平洋戦争中、昭和天皇の戦争継続への意思は強かった。その意思が戦争終結へと転換したのは、鈴木貫太郎内閣成立から約一ヶ月後、一九四五年（昭和二〇）五月初旬であった。

五月一三日、富田健治からの「近衛公爵伝言覚」として高木惣吉が残す記録に、次の内容をみることができる。近衛文麿が木戸幸一（一八八九－一九七七）内大臣から聞いた話である。

尚木戸ニ突込ンデ、一体陛下ノ思召ハドウカト聴イタトコロ、

「従来ハ、全面的武装解除ト責任者ノ処罰ハ絶対ニ譲レヌ、夫レヲヤル様ナラ最後迄戦フトノ御言葉デ、武装解除ヲヤレバ蘇聯ガ出テ来ルトノ御意見デアッタ。ソコデ、陛下ノ御気持ヲ緩和スルコトニ永クカカツタ次第デアルガ、最近（五月五日ノ二、三日前）御気持ガ変ツタ。二ツノ問題モ已ムヲ得ヌトノ御気持ニナラレタ。ノミナラズ今度ハ、逆ニ早イ方ガ良イデハナイカトノ御考ニサヘナラレタ。早クトイツテモ時機ガアルガ、結局ハ御決断ヲ願フ時機ガ近イ内ニアルト思フ」トノ木戸ノ話デアル。

〔伊藤隆編 二〇〇〇：八五五頁〕

戦争継続の意思の固かった昭和天皇に、五月二日・三日ごろから（「五月五日ノ二、三日前」）、変化がみられるという。それだけではなく、戦争終結に向かうならば、それは早急に行なうべきであると考えるようになったというのである（「早イ方ガ良イデハナイカ」）。[*4]

五月二四日、細川護貞『細川日記』も次のように記す。

内府と公と会見せられたる折、内府は、「最近御上は、大分自分の按摩申し上げたる結果、戦争終結に御心を用ひさせらるゝこととなり、むしろこちらが困惑する位性急に、『その方がよいと決まれば、一日も早い方がよいではないか』と仰せ出される有様なり。（後略）」

〔細川護貞 一九七八：三九四頁〕

木戸幸一内大臣（「内府」）が近衛文麿（「公」）に向かい、昭和天皇（「御上」）が戦争終結に向けて強い気持ちを持つようになった、と伝えたというのである。これは、細川が五月一八日富田健治を訪問、富田から聞いた話であった。

昭和天皇の戦争終結への意思を記録する、高木惣吉の「近衛公爵伝言覚」も細川護貞『細川日記』も、近衛文麿が木戸幸一内大臣から聞いた話を、富田健治が伝えたものであった。そのニュースソースは同じであろう。

これら「近衛公爵伝言覚」『細川日記』の記述は、一九四五年（昭和二〇）五月初旬から、昭和天皇が戦争終結の意思を強く持つようになったことを示している。それまで戦争継続の意思が強かった昭和天皇をして、戦争終結へと方向転換させたのは、すでに指摘があるように［纐纈 二〇〇六：九七－九八、二〇九頁］［纐纈 二〇一三：一八六－一八九頁］、ドイツの無条件降伏、沖縄戦の劣勢であった。

しかし、六月八日、最高戦争指導会議「御前」会議は、陸軍など戦争継続派の影響が強い「今後採ルヘキ戦争指導ノ基本大綱」を決定する。最高戦争指導会議とは、鈴木内閣の前内閣、小磯国昭（一八八〇－一九五〇）内閣が、一九四四年（昭和一九）八月五日それまでの大本営政府連絡会議を改組、政府と統帥の一元的指導を目的として設置したものである。[*5] 正式構成員は総理大臣・外務大

*4　高木惣吉は、『終戦覚書』（一九四八）のなかで、五月九日から三、四日後、小田原の近衛文麿別邸を訪問したときの回想として、近衛が「木戸にいろいろ突こんで質問したところ、五月初め頃から、陛下の御決心もハッキリしてきたとのことです」［高木 一九四八：四〇頁］と述べたと記録している。「近衛公爵伝言覚」と同内容であろう。

臣・陸軍大臣・海軍大臣・陸軍参謀総長・海軍軍令部総長の六人であった。鈴木内閣での最高戦争指導会議構成員は、鈴木総理大臣および東郷茂徳《しげのり》（一八八二－一九五〇）外務大臣・阿南惟幾《あなみこれちか》（一八八七－一九四五）陸軍大臣・米内光政海軍大臣・梅津美治郎《よしじろう》（一八八二－一九四九）陸軍参謀総長・豊田副武《そえむ》（一八八五－一九五七）海軍軍令部総長である。六月八日の最高戦争指導会議は、彼らに加えて平沼騏一郎枢密院議長・豊田貞次郎（一八八五－一九六一）軍需大臣・石黒忠篤（一八八四－一九六〇）農林大臣も出席、そのうえでの昭和天皇「御前」会議であった。

六月八日の最高戦争指導会議「御前」会議では、昭和天皇の発言はなかったとされる。

この最高戦争指導会議「御前」会議が決定した「今後採るべき戦争指導の基本大綱」は、その冒頭の「方針」で、「七生尽忠の信念を源力とし地の利人の和を以て飽く迄戦争を完遂し以て国体を護持し皇土を保衛し征戦目的の達成を期す」［外務省編 一九五二a：三六五頁］という。「本土決戦」による戦争継続を説く（「飽く迄戦争を完遂し」）。そのための必須条件は「国体護持」（「国体を護持し皇土を保衛し」）であった。

すでに、昭和天皇は戦争終結への意思を固めていた。それにもかかわらず、六月八日の最高戦争指導会議「御前」会議は、「国体護持」を最優先しつつ、戦争継続、しかも本土決戦による戦争継続を決定していた。

## 六月二二日、昭和天皇「成るべく速かに戦争を終結すること」――「聖断」(1)

しかし、六月二〇日、東郷外務大臣が鈴木総理大臣との打ち合わせのうえで昭和天皇と面談、戦争終結を提言したという。翌々日六月二二日、昭和天皇が最高戦争指導会議構成員六人を呼ぶ。六月八日決定「今後採るべき戦争指導の基本大綱」に配慮しつつ戦争終結を指示する。東郷外務大臣の『時代の一面――大戦外交の手記』(一九五二)によれば、昭和天皇は次のように述べたという。

先日の最高戦争指導会議の決定は其儘にしてゐゝが、他方成るべく速かに戦争を終結することに付き一同の努力を望むとの沙汰があつた。之に付きて総理から聖旨を奉戴し成るべく速かに戦局を収拾するやう致しますと言上した。

〔東郷 一九五二:三二七頁〕

「成るべく速かに戦争を終結すること」、昭和天皇が最高戦争指導会議構成員六人に対して、戦争終結を指示し、鈴木総理大臣がそれを遂行すると返答している。

この昭和天皇による戦争終結についての指示は、木戸内大臣の『木戸幸一日記』六月二二日も、

＊5　ここでは、大日本帝国憲法下の国家において、政府を内閣と同義と考えておきたい。なぜならば、大本営政府連絡会議の名称にもあるように、統帥、陸軍参謀本部・海軍軍令部を構成員とする大本営は、政府と別組織と考えられ、この統帥と並立する内閣の上位に、統治権者としての天皇がいるからである。最上位に天皇、その下位に並立する統帥と内閣があるという国家機構である。

昭和天皇が「戦争の指導に就ては曩に御前会議に於て決定を見たるところ、他面戦争の終結に就きても此際従来の観念に囚はるゝことなく、速に具体的研究を遂げ、之が実現に努力せむことを望む」と述べたと記す〔木戸 一九六六：一二一三頁〕。高木惣吉が残す「米内手記」（米内光政）でも、昭和天皇が「先般ノ御前会議決定ニ依リ、飽ク迄戦争ヲ継続スベキハ尤モノコトナルモ、亦一面時局収拾ニツキ考慮スルコトモ必要ナルベシ」〔伊藤隆編 二〇〇〇：八九〇頁〕と指示した、と同じ内容を記録するので、確かな事実であろう。また、この日の動きを『入江相政日記』に記した入江相政（一九〇五－八五）侍従は、その末尾に「事態の容易ならざるを思はせる」〔入江 一九九〇：四三二頁〕という。

六月二二日は大きな転換点であった。昭和天皇は五月はじめから戦争終結の意思を固めていた。しかし、その意思を現実の政治過程のなかに入れ、戦争終結への具体的行動を指示したわけではなかった。六月二二日は、昭和天皇がみずからを「輔弼」する鈴木総理大臣、大元帥として統括する統帥、梅津陸軍参謀総長・豊田海軍軍令部総長に対して、戦争終結を命令した。昭和天皇が戦争終結に向けてその権力を行使したことになる。

これについて、岡田啓介は『岡田啓介回顧録』のなかで、次のようにいう。

陛下は六月廿二日最高戦争指導会議の構成員をお呼びになって、

『いま本土決戦の準備をしているようだが、それはあくまでもやらなければならぬだろうけれど、一方戦争を早くやめるくふうをせよ』

とおしゃったという。これを聞いて、ああありがたい。わたしらがいわんとして、どうしてもいうことをはばかるようなことを陛下はおっしゃって下さった。これで鈴木もやりやすくなるだろう、と思った次第だった。こうして和平への方向は決った。〔岡田述 一九五〇：二四一頁〕

六月二二日の昭和天皇の指示により、はじめて戦争終結へと舵を切ることが可能となり、鈴木総理大臣(「鈴木」)も動きやすくなったという。高松宮がいう昭和天皇の天皇親政、鈴木総理大臣を通しての昭和天皇の権力の行使が、実際に動きはじめたことを意味する。

このことは、政治戦略的には、その主導権が戦争継続派から戦争終結派へと移ったということでもあった。

もちろん、昭和天皇が五月はじめから固めた戦争終結への意思、それを政治過程に乗せるために、戦争終結派の動きが水面下であったと推測される。

六月二二日の昭和天皇の指示を知った高木惣吉が「六月八日ノ御前会議ヲ飛越ユルコノ二十二日ノ秘密御前会議ハ、米内、木戸ノ合作ト看取ス」〔伊藤隆編 二〇〇〇：八九二頁〕と手控えを残し、『木戸幸一日記』も前日六月二一日に「二時十五分より二時五十分迄、拝謁、最高戦争指導会議員御召の際賜はるべき御言葉につき言上す」〔木戸 一九六六：一二一二頁〕と記す。また、六月時点では関東軍参謀副長であったが、七月二八日内閣綜合計画局長官に就任した池田純久《すみひさ》(一八九四－一九六八)が、六月時点での状況を、「この頃から天皇が次第に終戦に関し主導権を握られつつあること、而してその裏面的補佐は、勿論木戸内府なり、または鈴木総理大臣であることを銘記せねばならない」と回想している〔池田 一九五八：一三一頁〕。鈴木総理大臣が、米内海軍大臣など戦争終結派と木戸内大臣との間で合意のうえで、昭和天皇による戦争終結への指示をもたらしたのではないかと考えられる。[*6]

それは、六月八日の最高戦争指導会議「御前」会議が決定した「今後採るべき戦争指導の基本大綱」、「本土決戦」の決定を、昭和天皇みずからがわずか一四日でくつがえす政治決定であった。[*7]それまで陸軍など戦争継続派に近かったとされる木戸内大臣が、戦争終結派へ鞍替えしたことも、この政治決定を生みやすくしたことであろう。

六月二二日の転換点は、戦争終結へ向けて、昭和天皇がその権力を確立、また、それをもとに戦争終結派が戦争継続派から主導権を奪取した、無血クーデターとさえいうことができよう。

記述は八月八日であるが、細川護貞が『細川日記』のなかで、この六月二二日の転換点を重要視する。ポツダム宣言と八月六日広島への原子爆弾投下を踏まえて、早急に戦争終結へと動くべく近衛文麿に提言するなかで、六月二二日の昭和天皇の指示について、次のようにいう。

六月二十二日、聖断によりて戦争終結に就いて、御方針決定せられたる以上、是が実現の為の方策無かるべからず。然るに唯、ソ聯にのみ依頼し居るは、啻に危険なるのみならず、時間的に問題あり。終結が一刻を争ふ問題なる以上、他にも、例へば直接交渉の如き方法もあり得べし。

〔細川護貞 一九七八：四一九頁〕

ソ連参戦を知る（八月九日）前日であった。対ソ交渉、ソ連を仲介としての戦争終結交渉を危ぶみ、アメリカとの直接交渉を行なうべきであると提言する。その根拠は、六月二二日の「聖断」、昭和天皇の戦争終結への指示であった。

ふつう「聖断」と呼ばれるのは、昭和天皇による、八月一〇日未明のポツダム宣言受諾の決定、そして八月一四日のポツダム宣言受諾の最終決定である。しかし、細川は、それらではなく、六月二二日の最高戦争指導者会議構成員六人に対する戦争終結の指示を「聖断」という。昭和天皇による、戦争終結のための権力の行使、高松宮のいう鈴木総理大臣を通しての天皇親政は、六月二二日をもって開始される。

それを、たとえれば、シテは昭和天皇、シテを最大限に活かすためのワキが鈴木総理大臣、彼らを躍動させるための黒子が近衛文麿・高松宮宣仁・米内光政など戦争終結派、および、戦争継続派

＊6　六月八日の最高戦争指導会議「御前」会議と同日、木戸内大臣は「時局収拾の対策試案」という戦争終結のための具体的提言を箇条書きとした文書を作成している。『木戸幸一日記』によると、六月九日昭和天皇に「対策につき種々言上」、六月一三日「米内海相と御文庫にて会談、時局収拾対策を話す」「鈴木首相来室、時局収拾対策を話す。憂を同ふせらるゝ心境を聴き安心す」、六月一五日「東郷外相来室、時局収拾策につき懇談す」「米内海相来室、首相と会談の経緯を聴く」［木戸 一九六六：一二〇九－一二一一頁］とあり、これら会談の内容についての記録は残らないものの、鈴木総理大臣・米内海軍大臣・木戸内大臣さらには東郷外務大臣などが合議を重ねていることがわかる。

＊7　高木惣吉『終戦覚書』（一九四八）が、六月一四日近衛からの話として次の内容を記録している。「十三日帰京して木戸といろいろ相談し、内府は鈴木、米内とも打合せ、十四日には東郷とも懇談を重ねた。特に注意に値することは、九日か十日頃、和平交渉の外交を発動する陛下の御決心がかたまつたとのことであつた」［高木 一九四八：四七頁］。この近衛からの話が正確であるとすれば、六月八日の最高戦争指導会議「御前」会議の直後、九日・一〇日ごろから昭和天皇が戦争終結の政治決定を実行する意思を固めたことになる。

から鞍替えした木戸内大臣ということになろうか。配役が整ったのが六月二二日の「聖断」であった。

沖縄戦の組織的戦闘の終了、アメリカ軍の沖縄全島制圧はその翌日六月二三日であった。

# 第3章　皇居「正殿」全焼と「三種の神器」

## 七月二五日、昭和天皇「爰に真剣に考へざるべからざるは三種の神器の護持にして」

一九四五年（昭和二〇）七月二五日、昭和天皇は木戸幸一内大臣に、「本土決戦」の危うさと天皇王朝皇位の象徴「三種の神器」について述べ、戦争終結を緊急課題とするようあらためて指示する。六月二二日の「聖断」から一ヶ月余が経過している。

近衛文麿を特使とすべく対ソ連交渉をすすめているが、展開はなかった。「本土決戦」を主張する戦争継続派もいる。焦燥感と危機感がこのような発言をもたらしたのであろう。

今日軍は本土決戦と称して一大決戦により戦機転換を唱へ居るも、之は従来の手並経験により俄に信ずる能《あた》はず。万一之《これ》に失敗せんか、敵は恐《おそら》く空挺部隊を国内各所に降下せしむることとなるべく、斯くすることにより、チャンス次第にては大本営が捕虜となると云ふが如きことも必しも架空の論とは云へず。爰に真剣に考へざるべからざるは三種の神器の護持にして、之を全ふし得ざらんか、皇統二千六百有余年の象徴を失ふこととなり、結局、皇室も国体も護持〔し〕得ざることとなるべし。之を考へ、而して之が護持の極めて困難なることに想到《そうとう》するとき、難を凌《しの》んで

和を講ずるは極めて緊急なる要務と信ず。〔木戸 一九六六：一一二〇頁〕

昭和天皇は「本土決戦」の敗戦が必至であるという。大本営までもが捕虜になる可能性があり、そのときには、天皇王朝皇位の象徴「三種の神器」さえも失い（「皇統二千六百有余年の象徴を失ふ」）、「国体護持」もできず滅亡の可能性さえはらむ（「皇室も国体も護持〔し〕得ざることとなるべし」）。「三種の神器」の「護持」を緊急課題としなければならず（「爰に真剣に考へざるべからざるは三種の神器の護持にして」）、戦争終結を急がなければならない。

「国体護持」の課題は、天皇王朝の象徴「三種の神器」への危機感でもあった。

「三種の神器」、八咫鏡《やたのかがみ》・天叢雲剣《あまのむらくものつるぎ》（草薙剣）・八尺瓊勾玉《やさかにのまがたま》である。正確にいえば、「三種の神器」は三種三器ではなく三種五器ある。八咫鏡は二器、その「正体《しょうたい》」は伊勢神宮内宮《ないくう》（三重県伊勢市宇治館町）に、形代は宮中にある。天叢雲剣は二器、その「正体」は熱田《あつた》神宮（愛知県名古屋市熱田区神宮）に、形代は宮中にある。八尺瓊勾玉は一器、宮中にある。天皇王朝の皇位継承者、天皇とはこの三種五器の継承者でもある。これらのうち、宮中の天叢雲剣・八尺瓊勾玉を剣璽《けんじ》ともいう。

アジア太平洋戦争終結までは、宮中の天叢雲剣・八尺瓊勾玉、剣璽は、常に天皇とともにあった。この二器は、通常は剣璽の間に置かれているが、天皇が一泊以上で移動するときには、剣璽も天皇とともに動いた。たとえば、葉山「御用邸」に行くときには、侍従がこれらを持ち同行し、葉山「御用邸」に安置した〔岡部 一九九〇：一一二－一一五頁〕。

## 七月二七日、ポツダム宣言傍受

連合国による対日無条件降伏勧告、ポツダム宣言は七月二六日であった。昭和天皇が木戸内大臣に「三種の神器」の「護持」を述べた翌日である。

ポツダム宣言は、正式な外交ルートによって日本政府に伝えられたものではない。七月二七日午前四時三〇分、同盟がロイターロンドン発南米向け放送により傍受した。午前六時ごろ、それを知った長谷川才次《さいじ》（一九〇三－七八）同盟海外局長が、迫水久常《さこみずひさつね》（一九〇二－七七）内閣書記官長、東郷外務大臣、陸軍参謀本部・海軍軍令部へと伝えている［長谷川 一九六四：二三九頁］［鳥居 二〇一四：六六九－六七一頁］。

同盟とは、正式には同盟通信社（ここでは通称の同盟と記す）、一九三六年（昭和一一）一月一日社団法人として設立、海外放送の傍受および日本国内ニュースの海外発信を独占業務とした国策会社である。形式上は新聞連合と日本放送協会の組合組織として構成されたが、予算面では情報局がその半額を補助した［有山b 一九九三：三五九頁］。戦争終結後の一九四五年（昭和二〇）一〇月三一日、翌日設立の時事通信社と共同通信社に分割され解散する［木下秀夫 一九七一：二九三－二九四頁］［鳥居 二〇一四：一六七、七五〇頁］。

同盟通信社調査部が各国の情報宣伝戦を紹介する『国際宣伝戦』（一九四〇）という本がある。その「まへがき」は次のようにいう。

宣伝の目的は、言葉をもつて、相手を己の意志に従はせる、――すくなくとも、己の意志を納得させることにある。〔同盟通信社調査部編 一九四〇：五頁〕

宣伝とは、単なる情報提供ではなく、それによる洗脳であるという。この宣伝戦のための国策会社が同盟であった。

この同盟が、戦争終結をめぐる情報の海外発信、海外放送の傍受において、重要な役割を果たしていた。

七月二七日、鈴木内閣はポツダム宣言に対する回答を保留する。東郷外務大臣が昭和天皇にそれを報告する〔木戸 一九六六：一二二〇頁〕。いっぽう、鈴木内閣は、ポツダム宣言の新聞報道を許可する〔外務省編 一九五二b：五〇一―五〇二頁〕。

『朝日新聞』七月二七日一面は、中央下部に、見出しを「対日共同声明か 東亜政策決定の報道」、リードで「ストックホルム二十五日発同盟」*1として「米・英・ソ三国が日本政府に対して共同声明を行ふことに二十二日の会議で決定した模様である」という。ポツダム宣言を予告する。翌七月二八日は、一面上段左側に、見出しを「米英重慶、日本降伏の最後条件を声明 三国共同の謀略放送」、リードで「チユーリヒ二十六日発同盟」として、「米大統領トルーマン、英首相チヤーチルおよび蔣介石は二十五日ポツダムより連名にて日本に課すべき降伏の最後条件なるもの放送した」といい、ポツダム宣言を紹介する。原文そのままではなく削除部分もあるが、概要を箇条書きする。

たとえば、第一〇項、戦争犯罪人の処罰、言論・思想・宗教の自由、基本的人権の尊重についての部分を、『朝日新聞』は次のように報道する。

戦争犯罪人は厳重に裁判せられること、日本政府は日本国民に民主主義的傾向を復活すること。日本政府は言論、宗教および思想の自由並びに基本的人権の尊重を確立すべきこと

これを原文と比較してみよう。

まずは、八月一五日国民に発表された翻訳文（日本文）である。

吾等は日本人を民族として奴隷化せんとし又国民として滅亡せしめんとするの意図を有するものに非ざるも吾等の俘虜を虐待せる者を含む一切の戦争犯罪人に対しては厳重なる処罰を加へらるべし日本国政府は日本国国民の間に於ける民主主義的傾向の復活強化に対する一切の障礙を除去すべし言論、宗教及思想の自由並に基本的人権の尊重は確立せらるべし

［『朝日新聞』一九四五年八月一五日一面「ポツダム宣言全文」］

＊1　アジア太平洋戦争中の新聞記事には、外電を「ストックホルム発同盟」「チューリヒ発同盟」「リスボン発同盟」など中立国からの外電として表記し伝えるものが多い。これは実際には同盟がＡＰ（Associated Press。アメリカ）、ＵＰ（United Press。アメリカ）、ロイター（Reuter。イギリス）を傍受したものを記事としたものであった［北山一九九六：一四八頁］［鳥居二〇一四：六四五頁］。

次は、原文（英文）である。

We do not intend that the Japanese shall be enslaved as a race or destroyed as a nation, but stern justice shall be meted out to all war criminals, including those who have visited cruelties. The Japanese Government shall remove all obstacles to the revival and strengthening of democratic tendencies among the Japanese people. Freedom of speech, of religion, and of thought, as well as respect for the fundamental human right, shall be established.

［外務省編 一九五二b：五〇五頁］

七月二八日ポツダム宣言の報道は、削除部分もあり原文そのままではないが、一定程度その内容を伝えている。

## 七月三一日、昭和天皇「万一の場合には自分が御守りして運命を共にする外ないと思ふ」

政府は国民に向けてポツダム宣言について情報開示した。しかし、連合国に対してはその回答を保留したのが七月二七日であった。

四日後の七月三一日、昭和天皇は再び木戸幸一内大臣に「三種の神器」の「護持」について述べる。

先日、内大臣の話た（ママ）伊勢大神宮のことは誠に重大なことと思ひ、種々考へて居たが、伊勢と熱田の神器は結局自分の身近に御移して御守りするのが一番よいと思ふ。而しこれを何時御移しするかは人心に与ふる影響をも考へ、余程慎重を要すると思ふ。自分の考へでは度々御移するのも如何かと思ふ故、信州の方へ御移することの心組で考へてはどうかと思ふ。此辺、宮内大臣と篤と相談し、政府とも交渉して決定して貰ひたい。万一の場合には自分が御守りして運命を共にする外ないと思ふ。

〔木戸 一九六六：一二二一頁〕

絶望的ともいえる発言である。伊勢神宮内宮の八咫鏡「正体」と熱田神宮の天叢雲剣「正体」（「伊勢と熱田の神器」）をみずからのもとに移動させ（「自分の身近に御移して御守りする」）、三種五器、すべての「三種の神器」を集中させる。そして、「本土決戦」の最終拠点松代大本営へ移動するのが最善であるという（「信州の方へ御移する」）。昭和天皇は「三種の神器」とともに天皇王朝の滅亡さえも覚悟し、「万一の場合には自分が御守りして運命を共にする外ない」とさえいう。悲愴な決断である。

木戸内大臣は、石渡荘太郎（一八九一－一九五〇）宮内大臣を訪ね、「三種の神器」の取り扱いについて協議する。伊勢神宮内宮・熱田神宮をも含む神社行政は内務省神社局の管轄下にあるためであろう。石渡宮内大臣は内務省と協議していると返答する〔木戸 一九六六：一二二二頁〕。

昭和天皇に絶望的な発言をさせるのは、それなりに根拠となる事実があった。

七月三一日までに、三種五器「三種の神器」の場所は、すべてアメリカ軍機の戦略爆撃にさらされた。それらは、被害を矮小化しているが、「大本営発表」として報道された。

「大本営発表」とは、正確にいえば、一九三七年（昭和一二）大本営陸海軍部に設置された陸海軍それぞれの報道部による公式発表のことである。陸軍の例でいえば、報道部に企画課・宣伝課・庶務課の三課があり、そのうちの宣伝課のなかに「内国新聞発表係」があり、これが新聞紙上における「大本営発表」を担当した。その発表の初期は、陸軍部と海軍部が別々に発表していたが、一九四二年（昭和一七）一月一五日からその区別をなくし「大本営発表」のみとし、さらに、一九四五年（昭和二〇）五月二二日からは組織的にも陸海軍の区別をなくし大本営報道部として一元化をはかった。戦争終結前約三ヶ月間の「大本営発表」は、陸海軍が合体した大本営報道部による情報提供であった［富永 一九七〇：一〇‐一一頁］。

以下、三種五器「三種の神器」がある場所の被害状況である。
（1）一月一四日　伊勢神宮――伊勢神宮がアメリカ軍機により爆撃される。伊勢神宮は、内宮の祭神が皇室の先祖神とされる天照大神《あまてらすおおみかみ》、外宮《げくう》の祭神が農耕神とされる豊受大神《とようけのおおかみ》であり、祭神は異なる。また両者は地理的に離れている。焼失したのは外宮の斎館（神事のための沐浴・潔斎施設）などであり［徳川義寛 一九九九：三四六頁］、八咫鏡「正体」を置く内宮に被害はなかったが、伊勢神宮が爆撃された。『朝日新聞』一月一五日一面トップは、この伊勢神宮外宮の被害を報道する。見出しを「B29名古屋附近に来襲　豊受大神宮宮域に投弾　斎館、神楽殿崩壊す」とし「大本営発表」を記す。
（2）三月一二日　熱田神宮――熱田神宮はアメリカ軍機の名古屋爆撃により本殿以外のほぼすべ

てを焼失した。『朝日新聞』三月一三日一面中段は「B29約百卅機夜間　名古屋を盲爆」の見出しのもと「大本営発表」を記し、小見出しでは「熱田神宮に火災　本殿別宮は御安泰」という。

本殿を残し破壊された熱田神宮では、安全のために、天叢雲剣「正体」を地下の仮本殿に移す。さらに、その移動が計画され、内務省・宮内省などと協議のうえ、八月上旬岐阜県飛騨市への移動を決定する。八月一四日権宮司《ごんぐうじ》が上京、最終調整をする段階でポツダム宣言受諾となる〔篠田 一九九二：三三―三四頁〕。なお、熱田神宮では、戦争終結により移動はいったん不要となったが、アメリカ軍によって奪われるといううわさ話が広がり、八月二一日飛騨市に天叢雲剣「正体」を移動する。それがうわさ話にすぎないことが判明し、九月一九日熱田神宮に戻している〔篠田 一九九二：三五―三六頁〕。

（3）四月一四日・五月二六日　皇居――アメリカ軍機がはじめて皇居を爆撃したのは、四月一三日深夜から一四日未明にかけてであった。この日の爆撃は、東京の山の手だけではなく、皇居にも四六〇発の焼夷弾を投下した。賢所《かしこどころ》周辺も被弾した〔徳川義寛 一九九九：一九三―一九四頁〕。賢所とは、皇霊殿《こうれいでん》（天皇・皇族死者たちの神霊が祭神）・神殿《しんでん》（神々が祭神）とともに宮中三殿のひとつであり、天照大神を祭神とする。『朝日新聞』四月一五日第一面トップは見出しを「B29帝都を無差別爆撃　宮城の一部にも火災　明治神宮（本殿拝殿）焼失」としこの日の爆撃を伝える。この日、明治天皇（一八五二―一九一二）・皇后一条美子《はるこ》（一八四九―一九一四）を祭神とする明治神宮（東京都渋谷区代々木神園）も、本殿・拝殿を焼失した。

## 皇居炎上（「明治宮殿」全焼）

さらに、五月二五日深夜から二六日未明にかけての東京爆撃は、皇居内「明治宮殿」（一八八八年一〇月二七日竣工）、「大宮御所《おおみや》」（大正天皇皇后九条節子《さだこ》住居）、皇太子「仮御所」を全焼させた。[*2]徳川義寛《よしひろ》（一九〇六－九六）侍従の『徳川義寛終戦日記』五月二六日はその様子を次のように記す。

前日夜更けよりのつづき、品川、赤坂方面火災、青山御殿に火災との知らせあり、大宮御所も仮御所も焼失を免れまいと聞く。警報解かれんとする時、正殿及び皇后宮御殿に火がつく、強風によって火の子〔粉〕が飛び御苑の草原が燃え出す。

そのうち正殿、豊明殿《ほうめい》も燃え上る。

〔徳川義寛 一九九九：二一五頁〕

「大宮御所」、皇太子「仮御所」（明仁《あきひと》皇太子は日光に疎開中）、飛び火により「正殿」（「明治宮殿」）と晩餐会場の「豊明殿」が全焼している。

藤田尚徳（一八八〇－一九七〇）侍従長も次のように回想する。

正殿は突如として火を噴いたのである。強風に向って口をひらいていた狐格子に、参謀本部の方からとんで来た火の玉が、しばらく屋根裏でくすぶっていて、やがてごおっと燃え上ったのである。火焔は見上げるような正殿の屋根から屋根をはう。（中略）火焔は忽ち巨大な火柱となって、正殿を包み、明治二十一年、明治天皇が世界建築の粋をあつめて造営した建物はつぎつぎと燃えていく。［藤田 一九六一：八七頁］

手のつけようのない猛火であった。

『朝日新聞』五月二六日午前八時「新聞特報」（号外）は、見出しを「宮城、大宮御所に被害 三陛下、賢所は御安泰」とし「宮内省発表」を記す。「被害」とあるが実際は全焼である。*3 入江侍従の『入江相政日記』は、一五日後の六月一一日、「全く総てお焼けになつて了《しま》ひ全く恐れ入つた事だ」［入江 一九九〇：四三〇頁］と記す。

この日の爆撃は、皇居だけではなく、東京の中枢部を直撃した。たとえば、総理大臣官邸も本館

*2 正確にいえば、この五月二五日深夜から二六日未明にかけての東京爆撃以前、一月二五日の爆撃により、皇居の「女官部屋」が全焼、「大宮御所」の「衛兵所」も被害をうけている［東久邇 一九五七：一七一頁］。「大宮御所」には防空家屋もあり、全焼後、大正天皇皇后九条節子はこの防空家屋で生活した［東久邇 一九五七：二一一頁］。

*3 これらは附属施設も含めてほぼ完全な焼失である［主婦の友社編 一九七一：二三五－二三六頁］。一九四五年（昭和二〇）一二月勤労奉仕団による焼け跡整理・掃除がはじまるまでは、焼失後の焼け跡は荒廃したままであったという［入江編 一九八〇：二四一－二四二頁］。皇居内の写真を多く含む松永潤治編『皇居』（一九四九）によると、「明治宮殿」の場所の写真では、その広大な敷地は土台を残すのみであり［松永編 一九四九：二四－二五頁］、アメリカ軍機の爆撃が「明治宮殿」を完全に破壊したことがわかる。

これらのほかに、皇室関連施設では、七月一六日アメリカ軍機の爆撃により沼津「御用邸」本邸が全焼［徳川義寛 一九九九：二四一頁］、八月一日アメリカ軍機は大正天皇（一八七九－一九二六）墓「多摩陵」のある「武蔵陵墓地」に焼夷弾爆撃を行なっている［徳川義寛 一九九九：二五〇頁］。

以外は附属施設・内閣書記官長官邸を含めて全焼であった〔迫水 一九六四：一六六－一六七頁〕。直宮では、秩父宮雍人《やすひと》（一九〇二－五三）邸・三笠宮崇仁《たかひと》（一九一五－二〇一六）邸も全焼、無事であったのは高松宮宣仁邸のみである。鈴木総理大臣と迫水久常内閣書記官長は、総理大臣官邸屋上から「明治宮殿」炎上を遠望したという〔迫水 一九六四：一六六頁〕。

戦争終結直後の八月一七日、東久邇宮稔彦内閣を組閣し総理大臣官邸に入った東久邇宮は、総理大臣官邸の状況を、次のように伝えている。

総理室のバルコニーから外を見ると、官邸の本館は残つたが、うしろの日本館は焼けて、黒焦げの木材がちらばつており、庭木も焼けて悲惨な光景である。隣りに建つていた書記官長、書記官、秘書官の西洋家屋も全部焼け、外壁だけが残つて立つている。付近の民家は戦災にかかり、ただ石造り、レンガ、コンクリートの家屋および、ビルディングは内部は焼けて外壁ばかりが残つて立つていて、実に惨たんたる情景である。〔東久邇 一九五七：二〇七頁〕

なお、徳川義寛侍従によれば、皇居内の宮中三殿は、アジア太平洋戦争末期、もともと存在したという仮殿の西北地下防空施設に「斎庫」を建造、そこに神体を移していたという。仮殿「斎庫」への「奉遷」は一九四四年（昭和一九）一一月一日、本殿への帰還は戦争終了後の一九四五年（昭和二〇）八月三〇日である。この「奉遷」のため、宮中三殿の神体そのものには被害はなかった〔『朝日新聞』一九四五年八月三一日一面「宮中三殿　奉遷の御儀」〕〔入江 一九九〇：四四三頁〕〔徳川義寛 一九九九：

二七〇、五二〇頁]。また、この「奉遷」のため、一九四四年(昭和一九)一一月二三日の新嘗祭はほんらい行なわれるべき賢所の神嘉殿《しんかでん》ではなく、「御文庫」附属室で執行されたという[徳川義寛 一九九九：五一七−五一九頁]。「御文庫」は皇居内吹上にあり防空施設を持つ。アジア太平洋戦争末期は、昭和天皇の執務だけではなく、日常生活の場でもあった。皇居内の「三種の神器」については、戦争終結後一九四五年(昭和二〇)九月一五日、天叢雲剣・八尺瓊勾玉(剣璽)を「地下室」から「御座所」に戻したというので[徳川義寛 一九九九：三〇三頁]、戦時下のいずれかの時点で、「御文庫」に移動していたものと考えられる。

ポツダム宣言をはさんで、七月二五日と七月三一日、二度にわたって、昭和天皇は木戸内大臣に対して「三種の神器」の「護持」を述べた。昭和天皇は天皇王朝の象徴としてそれに絶対的価値を置く。「国体護持」の原点である。しかし、アメリカ軍の戦略爆撃は皇居さえも炎上させた。伊勢神宮、熱田神宮、皇居内宮中三殿、天皇王朝皇位の象徴「三種の神器」さえもが危うい。昭和天皇をして「万一の場合には自分が御守りして運命を共にする外ない」と言わしめるほどに、天皇王朝は危機感のなかにある。[*4]

＊4 『木戸幸一日記』七月三一日の「三種の神器」の記述をもって、昭和天皇の意識のなかに「国体」と「三種の神器」が一体性をもって存在していたのではないかという指摘は、すでに藤原彰『昭和天皇の十五年戦争』になされている[藤原 一九九一：一五五−一五七頁]。

# 第4章 「新型爆弾」と「原子爆弾」

## 八月七日、情報局部長会議決定「新型爆弾」

天皇王朝存続の危機感さえも持つ昭和天皇であった。ソ連を仲介とする和平交渉はすすまなかったが、すでに戦争終結への意思を固め、鈴木総理大臣にその実現を指示していた。

一九四五年（昭和二〇）八月六日午前八時一五分一七秒、アメリカ軍機が広島へ原子爆弾を投下、四三秒後の午前八時一六分〇〇秒［F・ニーベル&C・ベイリー（笹川&杉渕訳）一九六〇：一八八－一八九頁］、高度約六〇〇mで爆発した。

アメリカはトルーマン大統領の声明を放送、[*1]それが原子爆弾であることを明言、他都市への投下をも示唆、イギリスもアトリー（Clement Richard Attlee 一八八三－一九六七）首相がチャーチル（Winston

＊1　広島への原子爆弾投下は、ワシントン時間では、八月五日午後七時一五分である。トルーマン大統領は、ポツダム会議からの帰途、大西洋上巡洋艦オーガスタ船中にあった。トルーマン大統領によれば、この声明は、スチムソン（Henry Lewis Stimson 一八六七－一九五〇）陸軍長官の用意したものであった［F・ニーベル&C・ベイリー（笹川&杉渕訳）一九六〇：二四七－二四九頁］［ハリー・S・トルーマン 一九六六：三〇二頁］［L・ギオワニティ&F・フリード（堀江訳）一九六七：二四一－二四二頁］。スチムソン陸軍長官はトルーマン声明と内容的な違いは少ないが、ほかに、スチムソン声明を発表し、日本側も傍受している［広島県編 一九七二：六五九－六六六頁］。

Leonard Spencer Churchill 一八七四－一九六五）前首相によって用意されていた声明を放送する。両声明とも、原子爆弾開発過程、原子爆弾投下経過の説明が大部分を占め、人類初の核兵器開発の成功と使用を世界に向けて発信する。トルーマン声明では、「今やわれわれには日本が地上の如何なる都市に有する生産企業をも一層急速且つ、完全に抹殺し尽す用意がある。われわれは彼等のドック、工場並びに通運施設を破壊するであらう。もしそこに何の失敗もなければわれわれは完全に日本の戦争遂行力を破壊するであらう」ともいう［広島県編 一九七二：六五五頁］。日本への威嚇も含まれた。

　八月七日午前一時三〇分、同盟がそれを傍受、東郷外務大臣と迫水内閣書記官長へと連絡する［長谷川 一九四六：五二頁］［長谷川・山本 一九四八：三〇頁］［竹山 一九九四：一三〇頁］。

　鈴木内閣が原子爆弾であることを正式に確認するのは、大本営が派遣した有末精三（一八九五－一九九二）調査団に原子物理学者仁科芳雄（一八九〇－一九五一）が同道したことによる。仁科は、出発前、トルーマン声明を入手、八月七日夜原子物理学者玉木英彦（一九〇九－二〇一三）あて書簡で、「トルーマン声明は従来の大統領声明の数字が事実であった様に真実であるらしく思はれる。それは広島へ明日着いて見れば真似《（ママ）》一目瞭然であらう。そして参謀本部へ到着した今迄の報告は、トルーマン声明を裏書きする様である」［広島県編 一九七二：四三〇頁］といい、調査以前に、それが原子爆弾であることを直感している。有末調査団は八月八日夕方広島着。八月一〇日、「本爆弾ノ主体ハ普通爆弾又ハ焼夷剤ヲ使用セルモノニ非ズ、原子爆弾ナリト認ム」と記す「広島爆弾調査報告書」を大本営へ提出した［広島県編 一九七二：三六四頁］［仁科記念財団編 一九七三：四七頁］。

　それとともに、人類はじめての核兵器使用、それをどのように報道するのか、国民に向けてどのように情報開示するのか、それが鈴木内閣の政治課題となった。それをコントロールしたのが情報局であった。すでに指摘されているように、情報局は、国民向けには原子爆弾の報道を統制し〔松浦 一九八四：一〇〇－一〇二頁〕、いっぽう、対外的にはその「非人道性」を強調する情報戦略をとった〔笹本 一九九五：二二四－二三五頁〕。

しかし、情報局が原子爆弾の情報をどのようにコントロールしたのか、それについて情報局の記録は残らない。下村宏国務大臣兼情報局総裁の『終戦記』（一九四八）、細川隆元《たかちか》（一九〇〇－九四）朝日新聞編集局長の『朝日新聞外史〈騒動の内幕〉』（一九六五）の回想が伝えてくれるのみである。ただし、回想によるとはいえ、両者の証言は、人類初の核兵器使用について、情報局が最初からその報道を統制し、情報戦略とでもいうべき政治利用のもとに置いたことをうかがわせてくれる。

情報局とは総理大臣直属の情報統制・操作機関である。「内閣情報局」と表記されることもあるが、ここでは情報局に統一する。

情報局は、その概要を記す一九四一年（昭和一六）四月一日『情報局ノ組織ト機能』（情報局）によれば、一九三六年（昭和一一）七月一日設立の内閣直属の情報委員会（一九三七年一〇月内閣情報部と名称変更）を、一元的な情報・言論統制のために改組、外務省情報部・陸軍省情報部・海軍省海軍軍事普及部・内務省警保局図書課の所管事項を統合し〔石川 一九七六：一五八頁〕〔有山・西山編 二〇〇〇a：三－五頁〕、一九四〇年（昭和一五）一二月六日情報局官制（勅令第八四六号）によって設立された〔内村編 一九七五：二七六－二七七頁〕。総裁・次長・秘書官各一人のもとで、五部門に分かれ、第一部は国策遂行の基礎となる情報収集・調査・宣伝の基本計画策定、第二部は新聞・雑誌・放送の企画と統制、第三部は対外的情報の発信と統制、第四部は映画・レコード・演劇の宣伝と統制、第五部は庶務と啓発・宣伝であった〔石川 一九七六：一六〇、一六四、一七三、一七五、一七八頁〕〔有山・西山編 二〇〇〇 a：一〇、二三、五一、五八、六八頁〕。情報局の廃止は、戦争終結後の一九四五年（昭和二〇）一二月である。

一九四五年（昭和二〇）八月六日時点での情報局の統括責任者は、下村宏（海南。一八七五－一九五七）情報局総裁兼国務大臣、久富達夫（一八九八－一九六八）次長である。下村は朝日新聞社出身、久富は毎日新聞社出身であった。

広島への原子爆弾投下は翌八月七日の新聞報道にはない。『朝日新聞』八月七日は一面中央やや左側に「広島を焼爆」の見出しのもと、「六日七時五十分頃B29二機は広島市に侵入、焼夷弾爆撃をもつて同市附近を攻撃、このため同市附近に若干の損害を蒙つた模様である（大阪）」という。事実と異なる報道である。『読売報知』『東京新聞』八月七日は広島についての記事すらない。

これについて、細川隆元朝日新聞編集局長は次のようにいう。八月六日午前中のうちに、未確認ながら、広島爆撃の情報が入ったという。

昭和二十年八月六日午前八時十五分、広島に敵機から爆弾が投下され、広島が潰滅に近い打撃を受けたようだという電話が、社の方から編集局長の私の自宅にかかって来たのは、朝の十時ごろだったろうか。ただちに出社して連絡部に集まった広島方面からの情報を手にしてみると、いままでの都市爆撃とは全然情報のはいり方が違っている。これはいつもの爆弾ではない、ひょっとしたら原子爆弾（?）ではないかという感じが頭をかすめた。

〔細川隆元 一九六五：一五五頁〕

午後、情報局で新聞各社編集局長会議があり、細川朝日新聞編集局長も出席する。

その日の午後情報局（中略）で各社編集局長会議が行なわれた。朝日からは私、毎日吉岡文六（故人）、読売中満美親（故人）、国民中根真治郎、中外小田島定吉、同盟大平安孝の諸君だった。陸軍の担当者が出て来て、

「どうも今度の爆弾は、いつものとは違うように思うが、なにしろ情報がはっきりそろわぬので、情報が集まった上で大本営から発表しよう。それまではごく小さく普通の都市爆撃と同じように取り扱ってもらいましょう」

という記事指導が行われた。

〔細川隆元 一九六五：一五五－一五六頁〕

「陸軍の担当者」が、広島爆撃は、それまでの通常爆弾による戦略爆撃とは、兵器の性質が異なるという。しかし、情報が未確認であるので、報道は従来の都市爆撃報道と同じ扱いをするよう指示したという。

原子爆弾投下直後は、それについての情報が未確認ということも事実であろう。壊滅すれば、そこから正確な情報が届かないのは当然である。また、人類未経験の核兵器の使用について、対応能力を欠如していたとしてもやむを得ない。

それでも、NHKラジオ放送は、八月七日午後七時ニュース放送で、「今回広島の爆弾による焼失家屋は相当数に上り、市内各所に火災発生、爆弾の効力は相当強大で、損害目下調査中」と放送している[*2]〔仁科記念財団編 一九七三：一二頁〕。

本格的報道は八月八日からであった。それは、「原子爆弾」ではなく「新型爆弾」とされた。下村国務大臣兼情報局総裁・細川朝日新聞編集局長によると、情報局と外務省は「原子爆弾」とする方針であったが、陸海軍・内務省が国民の動揺を恐れそれに反対し「新型爆弾」になったという〔下村 一九四八：九七－九八頁〕〔細川隆元 一九六五：一五五－一五八頁〕。

次は、下村国務大臣兼情報局総裁が、久富達夫情報局次長の話として紹介する原子爆弾についての報道方針である。

翌七日（八月七日－引用者）の情報局部長会議は、この原子爆弾攻撃に対する宣伝報道対策が中心問題となつた。協議の結果、決定した方針は
一、対外的には、かゝる非人道的武器の使用について徹底的宣伝を開始し、世界の与論に訴へる。
二、対内的には、原子爆弾なることを発表して、戦争遂行に関し国民に新なる覚悟を要請する。
といふにあり、それが為には何よりも、「事実の即時報道」と「真相の調査」とを併行すべしといふのであつた。
此方針に、外務省は賛成したが、軍部は頭から反対した。その理由は

一、敵側は原子爆弾使用の声明を発表したが、これは虚構の謀略宣伝かも知れない。従つて我は充分科学的に調査した結果を見なければ、原子爆弾なりと速断することは出来ぬ。

二、かゝる重大報道により国民の心理に強い衝撃を与へることは戦争指導上反対である。

といふのであつた。（中略）又防空、治安に関する責任者たる内務省も軍部の意見に組したので、結局政府の方針としては、「原子爆弾」なる字句は放送にも新聞にも使用せぬことゝなり、僅かに「新型爆弾」なる表現により情報局の言分は痕跡だけ残すのみとなつた。

［下村 一九四八：九七－九八頁］

この下村国務大臣兼情報局総裁の回想によれば、情報局と外務省ははじめから原子爆弾を「原子爆弾」として報道し、国際的にはその「非人道性」を世界に向けて発信し（「対外的には、かゝる非人道的武器の使用について徹底的宣伝を開始し」）、国民には「戦争遂行」が不可能であることを示唆するべきであると提案したという。この提案について、情報局でその原案を考えたのは、久富情報局次長であり、それを下村情報局総裁が実行したと考えられる。[*3] すでに述べたように、下村情報局総裁は朝日新聞社出身、久富情報局次長は毎日新聞社出身であったが、久富は下村を敬愛し、アジア太平洋戦争終結後も年賀を欠かさない間柄であったという［久富達夫追想録編集委員会編 一九六九：五二二

＊2　アメリカ側の日本の国内向けラジオ放送傍受記録では、八月六日午後七時大阪中央放送局ニュースが広島への爆撃を報道したというが［北山 一九九六：一三〇－一三一頁］、これは「新型爆弾」としてでも「原子爆弾」としてでもなく、爆撃被害の報道であった。

頁]。これに対して、陸軍と内務省はこの提案に反対し、国民の動揺を防ぐために、「新型爆弾」として報道するべきであると主張、結果的には、この陸軍と内務省の主張「新型爆弾」が採用された。

このあとみるように、確かに最初、原子爆弾は陸軍と内務省の主張、「新型爆弾」として報道される。しかし、実際の報道を追ってみると、情報局と外務省の二つの提案、「原子爆弾」としての報道、国際的にその「非人道性」を発信、それとともに、国民を戦争終結へと誘導、それらは実行されている。情報局と外務省が原子爆弾を「原子爆弾」として報道しようとする提案は、報道に忠実であろうとしたためではない。情報戦略に利用しようとしたためであった。

### 八月八日・九日、「残忍」「残虐」「非人道」を強調した「新型爆弾」報道

八月八日、新聞各紙一面トップは広島への「新型爆弾」であった。『朝日新聞』一面トップは「広島へ敵新型爆弾　B29少数機で来襲攻撃　相当の被害、詳細は目下調査中」である。リードは次のようにいう。

大本営発表（昭和二十年八月七日十五時三十分）
一、昨八月六日広島市は敵B29少数機の攻撃により相当の被害を生じたり
二、敵は右攻撃に新型爆弾を使用せるものの如きも詳細目下調査中なり

『読売報知』一面トップは「B29新型爆弾を使用　広島に少数機　相当の被害」、リードの大本営発表は『朝日新聞』と同文である。『東京新聞』一面トップは「新兵器に防策なき例なし　悪鬼爆撃に敗れず　謀略に惑わず　憤然戦争一本へ」、見出しでは「新型爆弾」の語彙を使用しないものの、リードの大本営発表は同文であり、また、記事では「新型爆弾」を頻発させる。各紙ともこれらの本文は、「新型爆弾」の「非人道」「残虐」を躍らせる。

○『朝日新聞』
敵はこの新型爆弾の使用によつて無辜の民衆を殺傷する残忍な企図を露骨にしたものである、敵がこの非人道なる行為を敢てする裏には戦争遂行途上の焦燥を見逃すわけにはいかない、かくのごとき非人道なる残忍性を敢てした敵は最早再び正義人道を口にするを得ない筈である。

○『読売報知』
敵は新型爆弾の使用により無辜の国民を殺傷する人道無視の残虐性をいよ〳〵露骨に現はしたことは敵が対日戦の前途を焦慮してゐる証拠といふべく、敵米国は日頃キリスト教を信奉する

＊3　久富と懇意であった松前重義（一九〇一－九一）が、具体的内容は避けているものの、その追悼文のなかで、「戦争終結の前夜において彼（久富－引用者）は、彼の天職とする情報局次長に就任した。そして、その戦争の真只中における複雑多岐な情報の収集、並びにこれらの非常の歴史的段階に対処し、戦争問題の解決等に携わり、大きな役割を果したのであった」「彼は原子爆弾であることを、はっきりと閣議に報告し、遂に終戦に導くことになったのであった」［松前 一九六九：二八九－二九〇頁］と述べている。

人道主義を呼称しながらこの非人道的残虐を敢てせることにより未来永劫〝人道の敵〟の烙印《らくいん》を押されたもので彼の仮面は完全に剥げ落ち日本は正義において既に勝つたといふべきである、

○『東京新聞』

敵は六日の午前八時すぎB29の少数機を広島市に侵入せしめ、少数の新型爆弾を投下、少数機、少数の爆弾をもつて一瞬にして無辜の民多数に残虐なる殺傷を加へたるのほか、□□□の家屋を倒壊、市内各所に火災を生ぜしめるの天人共に許さざる暴挙を敢てなしたのである（中略）、つねに人道を口にし、表面正義をよそふ《(ママ)》敵米ながら、既にここ、この暴挙に至つては最早や世界の何人も許さざる鬼畜の手段たるにたがはず、

［□は判読不能箇所 – 以下同じ］

翌八月九日も『朝日新聞』は一面トップを「敵の非人道、断乎報復　新型爆弾に対策を確立」、本文では「敵は口に正義人道を唱へつゝ無辜の民衆を爆殺する暴挙に出てゐる事は調査の結果、愈《いよいよ》明白であり、敵はこの新型爆弾を使用する事によつて戦争の短期終結を急ぐ焦慮振りをあらはしてゐるものと見るべきである」という。

八月九日、被爆地広島の『中国新聞』は、一面中央を三重線囲いにより、見出しを「新型爆弾攻撃に強靭な掩体と厚着　音より速い物に注意」とし、「新型爆弾」対策を説明する。その冒頭は次のようにいう。

憤怒の血は沸る、敵の正体はまぎれなく悪魔であり鬼畜であつたのだ。われわれはいま最近の敵

米の爆撃の新手口に対しわれわれの持つ怒りのすべてを爆発させる時が来たのだ、太平洋遥か米本土に立ち向ひ怒号せよ「見よ、いまにわれらの復讐を」と——同時に顧みてわれわれは米鬼のこの残虐性にも長期に耐へ得る態勢を早速いま直に講じ惨禍を未然に防止しなくてはならない、

「新型爆弾」の「残虐」を非難するだけではない。「復讐」を叫んでいる。

これらは国民向けの報道ではあるが、各紙とも、情報局と外務省のひとつめの提案、「非人道」の強調、それを実行している。皮膚を露出しない、防空壕を活用など、「新型爆弾」対策も報道するが、「新型爆弾」についての報道で先頭を切ったのは、「非人道」「残虐」の告発であった。[*4]

ただし、注意すべきは、「新型爆弾」の「非人道」「残虐」をくりかえしながらも、そこには具体的な人的・物的被害がなんら記されていないことであった。この具体性の欠如については、それ以前の戦略爆撃による被害報道と同様であった。たとえば、三月一〇日未明の東京大空襲の報道を、翌三月一一日『朝日新聞』一面は、見出しを「B29約百三十機、昨暁帝都市街を盲爆　約五十機に損害　十五機を撃墜す」とし、「大本営発表（昭和二十年三月十一日）」を記すが、戦略爆撃による具体的被害についてては皆無である。

情報局および大本営によって、戦略爆撃の被害についての報道統制が徹底していたためであろう。

＊4　国内向け報道だけではなく、日本放送協会対外向け放送は、八月七日からアメリカへの「原子爆弾」非難の放送をはじめている。八日には七件の「原子爆弾」非難の放送があったという［北山 一九九六：一三六－一四一頁］。

これについては、次のような「申合」が存在していた。

△敵襲時ニ於ケル発表要領ニ関スル各省情報局間申合事項

昭和十八年四月二十二日

次官会議決定

敵襲時ニ於ケル各省ノ行政措置ニ関スル発表ハ本件ニ関スル大本営陸海軍報道部、情報局間協定覚書所定ノ手続ニ依リ左記方針ニ準拠シ之ヲ行フモノトス

左記

大本営以外ノ各省発表ハ特別ノ必要アル場合ヲ除クノ外之ヲ行ハサルモノトス

〔有山・西山編 二〇〇〇b：二〇五頁〕

一九四三年（昭和一八）四月二二日付で、「敵襲」の報道は「大本営発表」のみとし、それ以外の発表を許可しないという、情報局と陸海軍および各省の「申合」、報道規制の決定があった。この「申合」により、すべての戦略爆撃による人的・物的被害が、それを隠蔽する「大本営発表」のみとなっていた。

また、内務省警保局検閲課の一九四四年（昭和一九）「敵襲時ニ於ケル報道措置要領」によると、戦略爆撃による人的・物的被害について、発表不可は次のようなものであった。

A　被害地点明示、町村以下の地名
B　人畜の被害状況。死傷者数
C　家屋の他建造物の被害状況。被害戸数、建造物名称、官公署、会社、工場、事業所、社寺その他（被害建造物の名称は被害地点を察知せしむるを以て不可）
D　電信、電話施設の被害状況。地点、名称、被害程度等一切
E　鉄道、軌道の被害状況。地点、区間、被害程度等一切
F　道路、橋梁、港湾ノ被害。地点、名称等一切
G　電気、瓦斯、水道ノ被害状況。地点、名称、被害程度等一切
H　其の他被害状況。爆弾等に依る破壊部面の深度。広狭等

［松浦一九八四：二三七頁］

これは情報局ではなく、内務省警保局検閲課の報道統制ではあるが、民間施設・社会インフラ被害の実態、それらの場所についての報道を完全に禁止している。このような報道統制が存在すれば、原子爆弾ならずとも、すべての戦略爆撃による人的・物的被害が隠蔽されるのは当然であろう。

## 八月一〇日発表「米機の新型爆弾による攻撃に対する抗議文」

このように、国民向け報道は、戦略爆撃による人的・物的被害を隠蔽する。しかし、対外向け報道はそうではなかった。

八月一一日、『朝日新聞』の一面中央は、「国際法規を無視せる　残虐の新型爆弾　帝国、米政府へ抗議提出」であった。八月一〇日、日本政府がスイス政府を通してアメリカ政府へ「新型爆弾」について抗議文を提出したという。それとともに、その「米機の新型爆弾による攻撃に対する抗議文」全文を掲載する。『読売報知』も一面右下に見出しを「毒ガスに優る残虐　即時放棄せよ　新型爆弾　帝国政府断乎抗議」、『毎日新聞』も一面右下に見出しを「残虐毒ガス以上　文化への罪悪帝国　米の新爆弾に抗議」とし、全文を掲載している。

この全文を、現在知ることのできるそれと照合すると、『朝日新聞』『読売報知』『毎日新聞』は概要でも部分紹介でもなく、全文掲載であった。すでにみたように、ポツダム宣言であってさえも、その報道は概要であった。しかし、アメリカ政府への「新型爆弾」抗議文は全文掲載である。以下、長文になるが、情報局と外務省による、原子爆弾をめぐる情報戦略を確認するために、全文を確認してみよう。引用は、外務省大臣官房文書課所蔵を掲載する広島県編『広島県史 原爆資料編』（一九七二）からである。

米機の新型爆弾による攻撃に対する抗議文

本月六日米国航空機は広島市の市街地区に対し新型爆弾を投下し瞬時にして多数の市民を殺傷し、同市の大半を潰滅せしめたり。

広島市は何ら特殊の軍事的防備乃至施設を施し居らざる普通の一地方都市にして、同市全体として一つの軍事目標たるの性質を有するものに非ず。本件爆撃に関する声明において米国大統領「トルーマン」はわれら船渠工場および交通施設を破壊すべしと言ひをるも、本件爆撃は落下傘を付して投下せられ空中において炸裂し極めて広き範囲に破壊的効力を及ぼすものなるを以って、これによる攻撃の効果を右の如き特定目標に限定することは技術的に全然不可能なこと明瞭にして、右の如き本件爆撃の性能については米国側においてもすでに承知してをるところなり。また実際の被害状況に徴するも被害地域は広範囲にわたり、右地域内にあるものは交戦者、非交戦者の別なく、また男女老若を問はず、すべて爆風および輻射熱により無差別に殺傷せられその被害範囲の一般的にして、かつ甚大なるのみならず、個々の傷害状況よりみるも未だ見ざる残虐なるものと言うべきなり。抑々交戦者は害敵手段の選択につき無制限の権利を有するものに非ざること、及び不必要の苦痛を与うべき兵器・投射物其の他の物質を使用すべからざることは戦時国際法の根本原則にして、それぞれ陸戦の法規慣例に関する条約付属書、陸戦の法規慣例に関する規則第二十二条、及び第二十三条（ホ）号に明定せらるるところなり。米国政府は今次世界の戦乱勃発以来再三にわたり毒ガス乃至その他の非人道的戦争方法の使用は文明社会の輿論により不法とせられをれりとし、相手国側において、まづこれを使用せざる限り、これを使用することなかるべき旨声明したるが、米国が今回使用したる本件爆弾は、その性能の無差別かつ残虐性において、従来かゝる性能を有するが故に使用を禁止せられをる毒ガスその他の兵器を遙かに凌駕しをれり。米国は国際法及び人道の根本原則を無視して、すでに広範囲にわたり帝国の諸都市に対して無差別爆撃を実施し来り、多数の老若婦女子を殺傷し、神社仏閣学校病院一般民家などを倒壊または焼失せしめたり。而して今や新奇にして、かつ従来のいかなる兵器、投射物にも比し得ざる無差別性残虐性を有する本件爆弾を使用せるは人類文化に対する新たなる罪状なり。帝国政府は自らの名において、かつまた全人類および文明の名において、米国政府を糾弾すると共に、即時かかる非人道的兵器の使用を放棄すべきことを厳重に要求す。

〔広島県編 一九七二：七二三–七二四頁〕

「新型爆弾」の「非人道」「残虐」、国際法違反を訴える。核兵器がそうであることはいうまでもない。

いっぽう、この抗議文では、国内向けの「大本営発表」が戦略爆撃の人的・物的被害を隠蔽するのに対して、「実際の被害状況に徴するも被害地域は広範囲にわたり、右地域内にあるものは交戦者、非交戦者の別なく、また男女老若を問はず、すべて爆風および輻射熱により無差別に殺傷せられ」といい、その爆撃被害を記す。情報局と外務省が提案した、対外的な「新型爆弾」の「非人道」「残虐」の告発を実行している。

ただし、日本政府のアメリカ政府への抗議は、この八月一〇日発表の一回のみであった。このあとみるように、ポツダム宣言受諾決定とその連合国への通知は八月一〇日である。偶然であろうか、意図的であろうか、両者は同日のうちに、スイス政府を経てアメリカへ通知された。この時間的一致により、笹本征男『米軍占領下の原爆調査――原爆加害国になった日本』（一九九五）・北山節郎『ピース・トーク――日米電波戦争』（一九九六）は、八月一〇日のポツダム宣言受諾通知とこの「米機の新型爆弾による攻撃に対する抗議文」には、戦略的連続性があり、アメリカ向けに、日本政府が原子爆弾の「残虐」を強調し、宣伝戦に利用していると指摘する。ただし、その論証は難しい。確かな事実は、「米機の新型爆弾による攻撃に対する抗議文」が唯一の正式な抗議であり、それが八月一〇日のポツダム宣言受諾通知と同日であったことである。それにより判断すれば、すくなくとも、「新型爆弾」を抗議すること、あるいはしないことが、戦争終結をめぐる政治過程のなかに置かれていたことは確実であろう。

## 八月一一日からの「新型爆弾」と「原子爆弾」の併存

新聞報道が、原子爆弾を「原子爆弾」と表現する最初は、このあとみる八月一〇日ポツダム宣言受諾決定をはさんで、八月一一日以降であった。

もっとも早いのは『朝日新聞』である。『朝日新聞』は、八月一一日、いまみた一面中央の「米機の新型爆弾による攻撃に対する抗議文」の下部に、「原子爆弾の威力誇示　トルーマン・対日戦放送演説」を載せる。「チユーリヒ九日発特電」八月九日午後七時のラジオ放送、「リスボン九日同盟発」八月九日午後一〇時のラジオ放送によるという。その内容は、ドイツの降伏と「原子爆弾」の威嚇による日本への降伏勧告が中心である。八月六日トルーマン声明とアトリー声明はその直後には報道されなかったので、アメリカの「原子爆弾」についての発表が日本国民の目にふれたのもこれがはじめてであった。

この八月一一日『朝日新聞』一面の紙面構成は、一面中央の「米機の新型爆弾による攻撃に対する抗議文」が「新型爆弾」、その下部の「原子爆弾の威力誇示　トルーマン・対日戦放送演説」が「原子爆弾」と表記する。そのため、読者は「新型爆弾」が「原子爆弾」であると認識できる構成であった。ほかに、『朝日新聞』では、八月一四日一面右下の「原子爆弾　文明・人道への「逆手」日政でも近く糾弾の言明」で「原子爆弾」を使う。

もっとも、同じ記事を載せる『読売報知』八月一一日一面は、「リスボン九日同盟発」「トルーマン　対日威嚇演説〝降服か、新型爆弾か〟」とし、「原子爆弾」ではなく「新型爆弾」を使う。『読売報知』がはじめて原子爆弾を「原子爆弾」と報道したのは、八月一三日一面左下の「チユーリヒ特電十日発」「全人類の敵〝原子爆弾〟　英誌　ポツダム決定論難」であった。

同日の『読売報知』二面トップは黒二重線囲いにより「原子爆弾　天文学的な爆発力　原子破壊のエネルギーを利用　人類の滅亡招く暴君」と題して、原子爆弾を科学的に解説する。その冒頭は次のようにいう。

敵米は殺□新型爆弾を六日広島市、八日（九日）長崎市に相次いで使用市街を破壊し無辜の市民多数を殺傷した、この新型爆弾が画期的な威力をもつものであり、毒ガス以上の非人道的な新兵器であることはわが帝国の抗議によつても明かなところであるが、九日に行つた米大統領トルーマンの放送によれば、新型爆弾は彼らの誇称する〝原子爆弾〟であることを明かにしてゐる。

この記事は「新型爆弾」が「原子爆弾」であると明言する。このように、八月一〇日ポツダム宣言受諾決定以降、八月一五日「玉音」放送以前に、「新型爆弾」は「原子爆弾」であると認識できる報道がはじまった。ただし、「原子爆弾」の多くは外電、科学的記事に使用され、戦争終結まではいまだ「新型爆弾」が多く、「新型爆弾」が「原子爆弾」であると認識できるコンテクストであった。それでも、これらによって、原子爆弾は八月一一日を境に「新型爆弾」から「原子爆弾」へと徐々に転換していく。

この転換を、他紙によって確認すると、『京都新聞』八月九日一面は、トップの見出しを「敵焦慮の新型爆弾　我が戦意低下狙ふ　対策あり、踏潰さん暴虐の魂胆」として、市民を殺傷した広島への「新型爆弾」の「暴虐」を強調し、その下部に点線で囲う「原子爆弾　敵米英必死で研究」という記事を載せる。これは「七月廿日のエキスチエンジ通信社ロンドン電」によるというもので、今後の戦争は、ドイツのV1などの「長距離兵器」とともに、新開発「原子爆弾」などの大量破壊兵器の時代になり、それらが「非人道」兵器の典型例であるという。

この記事の結びは、次のようなものであった。

併しかかる言□は敵の独善的一方的非人道的企図を自ら暴露したものと云ふべく、去る六日の広島攻撃に用ひた新型爆弾といひ、この種の研究に米英が必死の努力を傾注してゐる事実は厳戒を要する。

『京都新聞』は、想像力の強い読者であれば、「新型爆弾」が「原子爆弾」であることを推測できる内容の記事を、ポツダム宣言受諾決定以前、八月九日の時点で、すでに掲載していたことになる。

また、『毎日新聞』八月一一日は、一面で、「リスボン九日発同盟」として、見出しを「対日戦勝利の為　新爆弾を継続使用　ポツダム会談ソ聯参戦を協定　トルーマン放送」とし、『朝日新聞』八月一一日一面と同じく、トルーマン声明を載せる。そこでは、見出しで「新爆弾」、本文で「新型爆弾」を使う。二面では、『京都新聞』八月九日一面の「原子爆弾　敵米英必死で研究」と同じ、「七月廿日エキスチェンジ通信社ロンドン電」を載せ、見出しで「〝世界を破滅に導く〟非人道の原子爆弾」とする。『毎日新聞』八月一一日は、一面では「新型爆弾」、二面では「原子爆弾」であった。これも、想像力の強い読者であれば、一面の「新型爆弾」と二面の「原子爆弾」が同じものであると理解できる紙面構成であった。

『東奥日報』八月一〇日二面にも「原子爆弾」の記事がある。中央左側に、見出しを「兵器戦にも勝たう！　原子爆弾の謎　各国とも研究に熱中」とし、各国が圧倒的破壊力を持つ「原子爆弾」の開発に熱中しているという。この記事では、その周囲に「新型爆弾」の記事がなく、この「原子爆弾」の記事だけであるが、ここでもすでに「原子爆弾」が登場している。

全国の新聞が用紙不足により夕刊発行を停止し朝刊のみとなったのが一九四四年（昭和一九）三月、同年一一月からはその朝刊が二頁、表裏一枚のみとなっていた。一週間でもわずか七枚一四頁にすぎない［佐藤毅 一九八七：二八四頁］。限定された情報のなかで、これらの記事は強烈な印象をもたらしたことであろう。

八月九日長崎への原子爆弾投下について、そのもっとも早い新聞報道は、地元『長崎新聞』八月一〇日一面であった。一面中央に見出しを「長崎市に新型爆弾　被害は僅少の見込み」、「西部軍管区司令部発表（昭和二十年八月九日十四時四十五分）」、「一、八月九日午前十一時頃敵大型二機は長崎市に侵入し新型爆弾らしき物を使用せり、二、詳細目下調査中なるも被害は比較的僅少なる見込み」と報道する。『読売報知』は、一日遅れ日八月一一日、一面中央下に「福岡電話」、「長崎にも新型爆弾　相当数の家屋倒壊　死傷」を、『朝日新聞』は、『長崎新聞』に二日遅れ、八月一二日一面中央右下に「長崎にも新型爆弾」、「西部軍管区司令部発表（昭和二十年八月九日十四時四十五分）」として『長崎新聞』と同内容を報道する。ただし、被害の実態については、他の都市への戦略爆撃、広島への原子爆弾と同じように隠蔽されている。

この小出しの情報開示は、下村国務大臣兼情報局総裁の方針であろう。下村は、このあとみるように、八月八日昭和天皇と面談、そのなかで、アメリカの戦略爆撃による被害の情報開示、国民への事実の報道を提言したという［下村 一九四八：一〇二頁］。しかし、正確にいえば、情報開示ではなく、コントロールであろう。知らしめるべき情報を取捨選択、ポツダム宣言、原子爆弾を小出しする。原子爆弾については、それの「非人道」「残虐」を強調する。それらによって、やむなく戦争終結へ向かわせられているかのような情報操作であった。

当時、原子爆弾の報道が「新型爆弾」から「原子爆弾」へと転換したことに、気づいた人物がいた。小説家の高見順（一九〇七－六五）である。『高見順日記』八月一四日が次のように記す。

原子爆弾といえば、新爆弾とのみ曖昧に書いていた新聞がいつの間にか原子爆弾と書き出した。新聞はもう、前のような当局から指示されたことだけを鸚鵡《おうむ》のようにいうという箝口《かんこう》的統制から解かれたという噂もある。なんでも書いていいというわけだ。だが昨日の新聞などは旧態依然。（今日の新聞は、例によってまだ来ない。）

〔高見 一九六四：四一三頁〕〔傍点－原文〕

新聞の遅配が常態になっていた（「今日の新聞は、例によってまだ来ない」）。その新聞が、最初「新爆弾」（高見は「新型爆弾」ではなく「新爆弾」と記すことが多い）とした原子爆弾を、いつのまにか「原子爆弾」としているという。高見はそれを情報統制が緩和されたためではないかと推測する。あとでみるように、高見は早い段階で情報漏洩とうわさ話によりポツダム宣言受諾決定と「原子爆弾」を知っている。その高見がこの表現の転換を情報統制の緩和ではないかというのである。

高見の直感は、情報局が「原子爆弾」を情報戦略に利用していることを敏感に察したものといえるのではないだろうか。

第5章　ポツダム宣言受諾決定と「皇室は絶対問題也」

## 八月八日、下村宏国務大臣兼情報局総裁、昭和天皇に「マイク」からの「大号令」の提言

ソ連を仲介とする和平交渉がすすまないなか、戦争終結に向けて国家意思決定の動きが本格化するのも、原子爆弾を「新型爆弾」として報道した八月八日からであった。この日、東郷茂徳外務大臣、下村国務大臣兼情報局総裁が、相次いで昭和天皇と面談、戦争終結を提言する。

まずこの日の朝、東郷外務大臣が昭和天皇と面談する〔藤田 一九六一：一二五頁〕。東郷の回想によれば、それは次のようなものであった。

八日宮中地下室にて拝謁、原子爆弾に関する敵側発表並に之に関聯する事項を詳細に亙《わた》り上奏し、愈々《いよいよ》之を転機として戦争終結に決すること可然《しかるべ》き旨を述べた。陛下は其通りである、此種武器が使用せらるる以上戦争継続は愈々不可能になつたから、有利な条件を得ようとして戦争終結の時機を逸することはよくないと思ふ、又条件を相談しても纏まらないではないかと思ふから成るべく早く戦争の終結を見るやうに取運ぶことを希望すと述べられて総理にも其旨を伝へよとの御沙汰であつた。〔東郷 一九五二：三四二頁〕

「宮中地下室」とは「御文庫」内のそれであろう。東郷外務大臣が昭和天皇に、アメリカの原子爆弾投下とトルーマン声明を伝えるとともに、戦争終結を提言している。八月八日はいまだソ連参戦を知る以前であり、この時点での東郷外務大臣の提言は対ソ交渉の促進であったかもしれない。昭和天皇はそれに賛成、早急な対応を希望し、鈴木総理大臣〔「総理」〕にもそれを伝達するよう指示している。この東郷と昭和天皇との面談については、藤田侍従長も記録を残しており、昭和天皇は東郷に対して、鈴木総理大臣のみならず木戸内大臣に対しても伝達するよう指示している〔藤田一九六一：一二五頁〕。この日の午後五時三〇分東郷は木戸と面談している〔木戸一九六六：一二二二頁〕。

下村国務大臣兼情報局総裁が昭和天皇と面談したのは、八月八日午後一時二〇分からであった。一時間の予定が二時間におよんだ。下村は七月下旬から昭和天皇のスケジュール調整を宮内省に依頼していたので〔下村一九四八：九九－一〇〇頁〕〔下村一九五〇：七二－七三〕、この面談が八月八日になったことは偶然であったかもしれない。下村の『終戦記』（一九四八）によると、昭和天皇への提言は、情報の問題・国民の動向・重臣の問題など多岐にわたったが、その最大の目的は、昭和天皇に戦争終結の決意をうながし、その国民への伝達を、ラジオ放送によって行なうというものであった。*1

今日国家興亡の難局に対処しては、君民相和し一層の親しみを以て一体となる外に道はない。過般本所深川の戦災地への行幸の御儀についても、当時いろ〲と反対の意見があつたと風聞して居る。さきに紀元二千六百年の式場に、せめてかゝる折こそ、マイクを通じ一億の民あげてお上の御声を拝聴したいと念願したが堅く禁止せられ、当時高松宮殿下の御声はマイクを通じたるも、お上のお声は少しくマイクを通じて感じたのは怪しからぬといふので問題となつたのであつた。私は放送協会会長在職当時此の重大時局下には帝国議会開院式に給はる勅語の玉音をマイクを通じ国民全般へと念じたが、頭から問題にされなかつた。此の如くすべてを通じ君民の間はあまりにも隔離されてゐる。此の重大時局にして玉音放送すら飛んでもない事と阻止されてゐる。しかしいまや日本帝国興亡の秋に直面した。左様な窮屈なことなどいつて居られる時ではない。至る処大号令といふ声が聞えて居る。これには或は右へ或は左へといろいろな意味もあらう、しかしいづれにしても親しく御聖断を仰ぐべき時なりといふ一億国民の心持が窺はれるむねを言上した。

［下村 一九四八：一〇八頁］

昭和天皇が国民へ戦争終結を伝える方法を「玉音」放送としたこと、その起点がここにあると考えてよいだろう。下村は天皇・皇室と国民との隔絶を危惧し、「玉音」放送がそれを修正する機能

＊1　情報局秘書官をつとめていた川本信正（一九〇七－一九九六）の回想によると、八月一日、久富達夫情報局次長が下村国務大臣兼情報局総裁に昭和天皇による「玉音」放送案を提案したという。下村国務大臣兼情報局総裁はその提案を受け入れ、昭和天皇へ提言すると述べたという［読売新聞社編 一九八八：一三〇－一三二頁］。これについては、「久富達夫譜伝」（一九六九）のなかでも記されており［久富達夫追想録編集委員会 一九六九：五二三頁］、この回想は事実である可能性が高い。下村国務大臣兼情報局総裁の昭和天皇への提言は、久富情報局次長の発案だったことになる。

を持つと考えている。そして、それが戦争終結のもっとも確実な手段であると提言している。なお、このなかの「過般本所深川の戦災地への行幸の御儀」とは、三月一〇日未明の東京大空襲のあと、昭和天皇が行なった三月一八日の被災地「行幸」のことである。

この下村国務大臣兼情報局総裁の『終戦記』は、記憶によるのではなく、草稿に基づいて再編集された可能性が高い。それは、国立国会図書館憲政資料室下村宏関係文書七九〇「参内記資料及原稿」全二一袋のうち、「参内の記 其八 日政支部長会議」という草稿の最終パラグラフが、この『終戦記』と同じ内容であるからである。用箋は「週刊朝日原稿用紙」（縦一八字×横一〇行）、一一枚である。対応する部分は次の部分である。

私共前申上げましたる通り、君臣の間に一層の親しみを増すことが時局を救ふ何よりの対策と存じます。過般本所、深川の戦災地へ行幸御儀についても、いろいろ意見もあつたかに□聞して居ります。また紀元二千六百年の式場に於て、せめてはかゝる折こそ、マイクを通じ一億の民挙げて　御上の御声を拝聴致したいと念願したのでありましたが、当時高松宮殿下の御声は□聴されましたが、お上のお声が少しくマイクを通じて感じた怪しからぬといふ問題すら起つたと聞いております。今後も帝国議会といはず、その他何等かの機会にまさしく考へられねばならぬ問題と存じます。余りに　御上の御消息が知れなさすぎるため、中には　天皇御親政の議論も出て参ります。私如きも近頃聊か承知は致しましたが、斯程まで日夕国政を□□はせられ給ふとは存じませんでした。いまや日本帝国興亡の秋に直面致しました。到る処大号令大号令といふ声も出して《(ママ)》居ります。これには或は右へ或は左へいろいろな意味もありませうが、御上から親しく国民に大号令をかけていたゞかねばならぬといふことが　恐れ乍ら考へられまする。私はさきに放送協会に今情報局に奉職せる者としてお上の親しくマイクの前に立つていたゞく事の遠からざるを期待する次第で御座ります。今や建国以来の大非常時危急存亡の時とまりました。敢て非礼を顧ず卑見を開陳致した次第でございます。

〔国立国会図書館憲政資料室下村宏関係文書七九〇〕〔闕字－原文〕

口調は、ですます調で、昭和天皇に向かって話しかける文体である。下村国務大臣兼情報局総裁がこの草稿をいつ書いたのか、年月日の記入がないために、それを正確に知ることはできない。戦争終結後の可能性もある。しかし、挿入、見せ消しも多く、ですます調の文体、そこに闕字すらあることから、この草稿は、一九四八年（昭和二三）刊行の『終戦記』に先行し、それのみならず、面談時点での草稿であった可能性もある。

その仮定の上で、この草稿を、戦争終結後一九四八年（昭和二三）刊行の『終戦記』と比べてみると、内容的には同じであるが、表現する語彙に微妙な違いをみつけることもできる。この草稿には「玉音」放送という語彙はない。「マイク」の前での「大号令」であった。「玉音」放送とは、最初は「マイク」の前での「大号令」と表現されていたのが、そこに絶対的価値を持たせるべく変化させられた記号表現であったと考えることができる。

## 八月八日、下村宏国務大臣兼情報局総裁、昭和天皇に「英米」との直接交渉の提言？

この八月八日の昭和天皇と下村宏国務大臣兼情報局総裁との面談について、下村の『終戦記』また『終戦秘史』（一九五〇）で活字化されず、草稿のみが残された原稿がある。これも、国立国会図書館憲政資料室下村宏関係文書七九〇「参内記資料及原稿」全二一袋のうちのひとつ、表題を「原子弾の三 参内の記 其三 共同宣言に関する情報」とする草稿である。

この草稿は、ソ連の東アジアへの侵略意図を見抜きソ連を仲介とするのではなく、直接、アメリカ・イギリスと交渉し戦争を終結させるべきであると提言する。しかし、この草稿の部分は『終戦記』また『終戦秘史』にもない。この日の面談で、下村国務大臣兼情報局総裁が昭和天皇にこの提言をしたのかどうか、もはやそれを確認することはできないが、この下村の草稿については知られていないと思われるので、長くなるが、全文紹介しておきたい。これも、用箋は「週刊朝日原稿用紙」（縦一八字×横一〇行）、一〇枚である。

原子弾の三 参内の記 其三

共同宣言に関する情報

共同宣言に就いては総理よりまた陸海軍外務の各方面より既に万々御承知の事でありまして、私共よりいまさら申上ぐるまでもありませぬが、いかにも重大事でありまする故、有志の者達が事□の真相は分からぬなりに、どう考へて居るかといふことを御耳に達したいと存じます。

　ソ聯は世界にその例のない独ソ戦といふ大きな戦が終つて今後よくよくでなければ好んで兵は動したくないと思ひます。もし日本がアメリカに対して現在よりも有利の状態であれば、所謂両虎を相闘はしめ、日米共に益々国力の減退消耗することを期待するものと思ひます。従つて英米より対日戦に参加を求めらるゝときは出来るならば戦はずして仲裁役となり、刀に衂《（ママ）》らずして満洲に樺太に実益を占め、しかも平和の裡に譲りうけて後味もよくしたいといふように考へられます。併し日本の状態が益不利となれば、所謂仲介に待つことを要しないのでありますから、早いところで戦に参加しないと、あとで分け前を多く取ることが出来なくなります。此の如くにして今極東への出兵の充実につとめ、まさしく和戦両様の極めて都合のよい立場にあると存じます。

　欧米の状態を見まると、ドイツの降《（ママ）》服により深刻なる戦が止み。朝野を挙げて和平を欲する気分は極めて濃厚であります。この前の欧洲大戦の時もドイツ敗れて後トルコはその領土の割譲に対し強く反対し、ケマルパシヤは英仏と再び戦を始めました。しかも英仏は戦ひ利あらず、諦めてトルコの削られるべき領土が相当回復されました。つまり英仏は戦の上にゆるみが生じて居たのであります。今日はアメリカもイギリスもみなゆるんで居ることは当然のことゝ思ひます。序てに早く対日戦争もやめたいといふのが恐らく□戦□を通じての空気であると存じます。

　今日の大東亜戦は要するに日米戦であります。アメリカ軍としてはドイツに向ひし時より三倍の距離を有する太平洋を越え、その土地はアメリカ人の故郷でありし文化の発達した欧洲の都市と違つて、太平洋上の全く名も知れず処も知れぬ、発音の出来ない名前の島々であります。全く未開の土地の風土気候と闘ひ、更にアッツ島以来沖縄の戦に至るまで、彼等の想像だに及ばざる強敵日本軍と戦つて来たのであります。これがアメリカの議会といはず言論界その他を通じ、たゞ無条件降服（ママ）といふことでは日本は承知しない。この上ともアメリカの犠牲を大にするのは避けたい、従つて其条件を示して日本の戦意を無くすべしといふ声□相次いで起つてまゐりました。勿論アメリカの大衆は世界一を以て自認して居るだけに、真珠湾の一撃により痛く自信を傷付られ、生意気な有色人種を叩きつけよといふ声がうんと起つても来た事は当然であります。ギヤラツプの調査報告によりましても、その大部は日本を徹底的にやつつけろといふので、国体に対して皇室に対してまで、露骨に勝手なことを申して居ります。有識階級でもラチモア、フライシヤーなどの意見をはじめ太平洋議会の決議に於ても、我が国体に対しても消極的な意見を主張して居ります。併しアメリカの政府又は有識者の間には、我が皇室を認識せる者、また皇室の力に依らねばならぬと考ふる者、また日本軍の戦意を知れるため、この上の出血を敢てせざるをよしとする論者のあることも想像に難くありません。

既にソ聯によりて和平の途が講ぜられつゝあるとすれば、その目的を達成するためには戦の当面の相手方である英米にも相当途を講ずべしといふことが私共の間にも論議されて居りました。無論戦つて居るのでありますから正面より表玄関より通ずべき途はありません。併しソ聯と違つて日本と英米との間にはあらゆる方面を通じ、互に親しく知り合つてゐる知名の人々は少くないのであります。政府の要路といはず重臣といはず、各方面より先方へ通じ得べき途があるのであります。少くともスエーデン、スイス政府等の中立地帯を通じて何等かの途を講ずべきであります。殊に日本とイギリスはその国体に於て世界に通じ最も相似たる残されし二大国であります。私共は英米が日本はソ聯によるほかに直接我等に対しても挨拶があるべきだ、水臭い、あまり《（ママ）》無策であるとさへ思ひはせぬ□とまで想像されます。況んやソ聯は一通りや二通りの生易しい国ではありません。従つて直接英米にも何等かの途を講ぜられたいといふことは下村としても総理並に外相に直言してあります。無論事実どういふ運びになつてゐるかは存じません。また今日では既にすべて手遅れかは知りませぬが、たい《（ママ）》さうした心持が私共の間にありますことを申上げておきます。

〔国立国会図書館憲政資料室下村宏関係文書七九〇〕

これも、ですます調で、昭和天皇に語りかける文体である。すくなくとも、下村国務大臣兼情報局総裁が昭和天皇との面談に際して、アメリカ・イギリスとの直接交渉を提言しようと準備していたことは確実であろう。ソ連との交渉の危うさとソ連の東アジアへの侵略意図を指摘、アメリカ・イギリスによる日本の「国体」への配慮と戦争終結への意思、具体的分析による提言であった。

しかし、くりかえしになるが、下村がこれを昭和天皇に提言したのかどうか、それを確認することはできない。ただ、この下村の草稿の内容は、戦争終結の過程、また、ソ連を警戒し西側諸国の一員として「戦後」をスタートさせる過程とも、おおよそ合致しているのではないかと考えることもできる。

## 八月一〇日、東郷茂徳外務大臣「皇室は絶対問題也——将来の民族発展の基礎なれば也」

八月九日朝から日付をまたいで八月一〇日までが、大日本帝国憲法が規定する統治権者昭和天皇が、「国体護持」の条件のもとでポツダム宣言受諾を決定、外務省がスイス政府・スウェーデン政府を仲介として連合国へそれを照会した時間帯である。この日付をまたぎ連続した政治過程を、関係した人名とともに、確認しておこう。

八月九日早朝四時三〇分ごろ、同盟がソ連の対日参戦をモスクワ放送によって傍受する。同盟はそれを迫水内閣書記官長へ連絡、迫水は鈴木総理大臣を訪問、それを報告する［長谷川 一九四六：五二頁］［迫水 一九四六：六二頁］［鈴木 一九四六：三四頁］。外務省では、ラジオ室が傍受、東郷外務大臣へ連絡、これを受けて、東郷は鈴木総理大臣を訪問、ポツダム宣言受諾に向けて早急に行動する必要性を説く。[*2]鈴木も同意し、迫水も同席していたので、最高戦争指導会議の緊急開催を決定する［東郷 一九五二：三四二頁］。

ソ連の対日参戦は、ソ連を仲介としての和平交渉、近衛特使を崩壊させた。

ソ連の対日宣戦布告は、モスクワ時間八月八日午後六時（日本時間八月八日午後一二時＝八月九日午前〇時）、モロトフ外相がクレムリンで佐藤尚武《なおたけ》（一八八二－一九七一）大使に手交した。佐藤は大使館事務所から東京へソ連の対日参戦を打電したが、それは届かなかった［佐藤尚武 一九六三：四九八－五〇〇頁］。そのために、日本政府がソ連の対日参戦を知るのは、時間的に遅れしかもモスクワ放送の傍受によった。

八月九日午前一一時から午後一時まで、鈴木総理大臣および東郷外務大臣・阿南陸軍大臣・米内海軍大臣・梅津陸軍参謀総長・豊田海軍軍令部総長の六人が最高戦争指導会議を開く。この会議では次のような基本方針と意見の対立があった。整理すると、

（1）六人一致の基本方針は、「国体護持」を条件としてポツダム宣言受諾を決定する。

（2）意見の対立は、①連合国の非占領、②日本軍の自発的武装解除、③戦争犯罪人の日本側による処罰であり、阿南陸軍大臣・梅津陸軍参謀総長・豊田海軍軍令部総長はこれに賛成、鈴木総理大臣・東郷外務大臣・米内海軍大臣はこれに反対し（1）のみを条件とした。賛成の主唱者は阿南陸軍大臣、反対の主唱者は東郷外務大臣であった。

［迫水 一九四六：六三－六四頁］［迫水 一九六四：二五五－二五六頁］［鈴木 一九四六：三六頁］［東郷 一九五二：三四三頁］

これらについて、賛成者は戦争継続派、反対者は戦争終結派と考えてよいだろう。しかし、戦争終結はもはや自明視されている。「国体護持」も共通する。六月二二日、昭和天皇の権威と権力が

＊2　ソ連が日ソ中立条約を一方的に破棄（条約違反）した対日参戦が、ポツダム宣言受諾へと動かした理由は、ソ連の武力侵攻のみではない。日本はソ連を仲介としての和平交渉を行なおうとしていた。そのため、ソ連の対日参戦は、この和平交渉の破綻を意味した。ソ連を仲介としての和平交渉の破綻が、ポツダム宣言受諾へと加速させたと考えておきたい。

戦争終結を政治過程に乗せた以上、「輔弼」者と「股肱」の軍人は、それに従うことが「忠臣」としての務めであった。ここでの対立は戦争終結の条件をめぐる調整、戦争継続派の力を多少なりとも残すのかまったく残さないのか、その違いである。

この最高戦争指導会議開始まもない時間帯、アメリカ軍機が長崎に原子爆弾を投下する。爆発は午前一一時二分である。豊田海軍軍令部総長によれば、この会議の最中にその情報は入ったという［外務省編 一九五二b：五六七頁］。下村国務大臣兼情報局総裁によれば、このあとの臨時閣議のなかで、阿南陸軍大臣が「本日十一時半長崎に第二回の投弾があった」と発言している［下村 一九四八：一一九］。

午後二時三〇分から、一度の休憩をはさみ、午後一〇時過ぎまで、鈴木総理大臣が臨時閣議を開く。最高戦争指導会議からの意見の対立は続き、結論は出なかった。そのために、鈴木総理大臣が、昭和天皇にこれらを報告し、再度の最高戦争指導会議を開催、そこに昭和天皇が出席、「御前」会議により最終決定することにした。臨時閣議は休会となった［迫水 一九四六：六五頁］［迫水 一九六四：二五八－二六二頁］［下村 一九四八：一二五頁］［東郷 一九五二：三四五頁］。

最高戦争指導会議「御前」会議は、午後一一時三〇分から日付をまたぎ八月一〇日午前二時三〇分まで、吹上の「御文庫」と地下連絡道により接続する大本営防空壕（地下壕）で開かれた[*3]。出席者は、昭和天皇、最高戦争指導会議構成員の六人に加え、平沼騏一郎枢密院議長、陪席者が迫水内閣書記官長・池田純久内閣綜合計画局長官・吉積正雄（一八九三－一九八五）陸軍軍務局長・保科善四郎（一八九一－一九九一）海軍軍務局長・蓮沼蕃《はすぬましげる》（一八八三－一九五四）侍従武官長である。

この会議は、鈴木総理大臣を議事進行役とし、最初、「国体護持」のみを条件としてポツダム宣言受諾を主張する東郷外務大臣が原案を提出、それに沿ってすすんだ。東郷は原案説明の最後に次のようにいう。

但し皇室は絶対問題也――将来の民族発展の基礎なれば也
即ち要望は此の事に集中するの要あり　〔外務省編　一九五二b：五九四頁〕〔保科　一九七五：一四二頁〕

ポツダム宣言受諾にあたり、連合国への「要望」は「国体護持」（「皇室は絶対問題也」）の一点に絞るべきであるという。

阿南陸軍大臣などの反対意見が続き、最高戦争指導会議構成員全体の合意を得ることはできなかった。

＊3　この時間帯は、この最高戦争指導会議「御前」会議に陪席した保科善四郎海軍軍務局長の手記による〔外務省一九五二b：五九三、六〇〇頁〕〔保科　一九七五：一三九、一四七頁〕。ただし、徳川義寛侍従の『徳川義寛終戦日記』では「会議は〇・〇三－二・二五（八月十日暁）親御の下開かれた」〔徳川義寛　一九九九：二五七頁〕として日付がかわり八月一〇日零時三分から午前二時二五分までとし、『木戸幸一日記』では八月九日午後一一時五〇分から八月一〇日午前二時二〇分までとする〔木戸　一九六六：一二二三頁〕。それぞれ微妙に異なるが、保科はこの会議の陪席者なので保科の手記によった。

## 八月一〇日、昭和天皇「外相案を採る」――「聖断」(2)

この最高戦争指導会議「御前」会議の終わり近く、平沼枢密院議長が、大日本帝国憲法と天皇の統治権、「国体」の理解について発言する。

外相原案――趣旨においてかくあらざるべからず
結局国体護持也――之は同意也
唯此の原案に於て字句に甚だ宜しくない点あり
大義名分上具合悪し――天皇統治の大権は国法に依て生ずるものに非ず、天皇統治の本体は憲法にて定まりたるものに非ずして憲法に述べたるに過ぎず
言葉としては「天皇の国家統治の大権に変更を加ふるが如き要求はこれを包含し居らず」ならば差支なし
〔外務省編 一九五二b:五九八頁〕〔保科 一九七五:一四六頁〕

大日本帝国憲法が規定する「国体」、天皇の統治権は、憲法がはじめて規定するものではなく、憲法以前から存在してきたそれらを成文化、確認したものにすぎないという。伊藤博文・井上毅による「大日本帝国憲法義解」の公式解釈と同じであり、その再確認とでもいうべき発言であった。

最後に、議事進行役の鈴木総理大臣が、次のように述べる。

長時間に亘り審議せられ茲に意見の一致を見ざるは甚だ遺憾也
この事たるや誠に重大な事柄にして、誠に枢府議長の言はるる通りの重大問題也
意見の対立ある以上、聖断を仰ぐの外なし（首相聖断を仰ぐ）

［外務省編 一九五二b：五九九頁］［保科 一九七五：一四七頁］

鈴木総理大臣が昭和天皇に政治決定を求める。最高戦争指導会議に先行した大本営政府連絡会議でも、それらが「御前」会議によったとき、昭和天皇の発言はただ一回、一九四一年（昭和一六）九月六日対アメリカ・イギリス・オランダ開戦準備「帝国国策遂行要領」決定のとき、明治天皇の歌を詠んだときだけである。大本営政府連絡会議にせよ最高戦争指導会議にせよ、それが「御前」会議のとき、原則として昭和天皇の発言はなかった。「輔弼」者と「股肱」の軍人による議案がそのまま採用されていた。

しかし、ここでは、鈴木総理大臣が、昭和天皇から、ポツダム宣言受諾、戦争終結の政治決定を引き出そうとしている。鈴木総理大臣が、木戸内大臣などとの合議のうえ、あらかじめそのシナリオを用意していたと推測されるが、それを確認することはもはや不可能であろう。[*4]

昭和天皇の発言は次のようなものであった。

外相案を採らる

理由
従来勝利獲得の自信ありと聞いて居るが、今迄計画と実行とが一致しない、又陸軍大臣の言ふ所に依れば九十九里浜の築城が八月中旬に出来上るとのことであつたが、未だ出来上つて居ない、又新設師団が出来ても之に渡す可き兵器は整つて居ないとのことだ
之ではあの機械力を誇る米英軍に対し勝算の見込なし
［外務省編 一九五二b：五九九頁］［保科 一九七五：一四七頁］

「国体護持」のみを条件としてポツダム宣言受諾、戦争終結の決定である。それは東郷外務大臣の原案であった［迫水 一九四六：六六－六七頁］［迫水 一九六四：二六一－二六九頁］［東郷 一九五二：三四五－三四六頁］［木戸 一九六六：一二二三頁］。

昭和天皇は大日本帝国憲法が規定する唯一の統治権者である。その昭和天皇がポツダム宣言受諾、戦争終結を「輔弼」者と「股肱」の軍人に宣言した。最高戦争指導会議「御前」会議における昭和天皇の発言は、統治権者の発言であれば、それはおのずと政治決定、国家意思の決定となる。大日本帝国憲法が公式解釈する「国体」に裏打ちされた、その権力の行使である。帝国議会（国会）・政府・統帥、これらも大日本帝国憲法に成文化されている。しかし、統治権は天皇のみにある。この大日本帝国憲法による立憲君主制のもと、その君主権が最大限に発揮されたのが、このポツダム宣言受諾、戦争終結の決定であった。大日本帝国憲法に反する超法規的措置ではない。

これが、六月二二日に続く二度目の「聖断」であった。そしてこれこそが、すでにみた、四月三

日、高松宮宣仁が細川護貞に語り、鈴木総理大臣を天皇親政のための総理大臣と計算した、二度目の到達点であった。

しかし、その「聖断」は、権威と権力を一身に集中しているとはいえ、昭和天皇ひとりの力で実行できたものではない。シテの昭和天皇とともに、シテの「聖断」を生み出すべく働きかけるワキの鈴木総理大臣、それを水面下で実現させようとする黒子の木戸内大臣・米内海軍大臣・東郷外務大臣などの戦争終結派の働きかけがあった。ワキの鈴木総理大臣と戦争終結派の黒子、彼らを権力基盤として、シテの昭和天皇がその権力を行使していた。

鈴木総理大臣は、この最高戦争指導会議「御前」会議のあと、午前三時、休会していた臨時閣議を再開、この決定を全会一致で賛成、臨時閣議を終了する〔迫水 一九四六：六七頁〕〔東郷 一九五二：三四六頁〕。

＊4　『木戸幸一日記』の八月九日、この最高戦争指導会議「御前」会議の前の部分に、「鈴木首相拝謁、御前会議開催並に右会議に平沼枢相と《（の）》参列を御許し願ふ」「十一時二十五分より十一時三十七分迄、拝謁」〔木戸 一九六六：一一二三頁〕とあり、会議開催の直前の時間帯、昭和天皇・鈴木総理大臣・木戸内大臣が、この会議の議事進行、最終的な落としどころを確認した可能性がある。

## 昭和天皇独白録「敵が伊勢湾附近に上陸すれば、伊勢熱田両神宮は直ちに敵の制圧下に」

この八月一〇日未明のポツダム宣言受諾の決定については、昭和天皇自身の回想がある。

戦争終結後の翌一九四六年（昭和二一）三月一八日から四月八日にかけて五回にわたり、松平慶民《よしたみ》（一八八二－一九四八）宮内大臣・木下道雄（一八八七－一九七四）侍従次長・松平康昌（一八九三－一九五七）宗秩寮総裁・稲田周一（一九〇二－七三）内記部長・寺崎英成《ひでなり》（一九〇〇－五一）御用掛に、一九二八年（昭和三）張作霖爆殺事件からアジア太平洋戦争終結までを語った「昭和天皇独白録」[*5]は、「国体護持」を条件としたポツダム宣言受諾の理由を、二つに分けて次のように述べている。[*6]

ひとつは、国民の保護のためであるという。

> 当時私の決心は第一に、このまゝでは日本民族は亡びて終ふ、私は赤子《せきし》を保護する事が出来ない。
>
> 〔寺崎 一九九一：一二六頁〕

戦争終結から七ヶ月余が経っている。昭和天皇がポツダム宣言受諾を決定した八月一〇日未明の時点で、ほんとうに国民（「赤子」）の保護を考えていたのかどうか、その確認は難しい。あと知恵と考えることもできる。

それでは、昭和天皇がポツダム宣言受諾決定に際して、この発言のように国民の保護に配慮したと仮定したばあい、それは具体的にどのようなものであったのであろうか。ここでは、それをアメリカ軍機の戦略爆撃、原子爆弾投下であったと考えておきたい。三月九日夜から一〇日未明にかけての東京大空襲のあと三月一八日、昭和天皇は被災地へ「行幸」した。そのとき、藤田侍従長に向けて次のように語ったという。

大正十二年の関東震災の後にも、馬で市内を巡ったが、今回の方が遥かに無惨だ。あの頃は焼け跡といっても、大きな建物が少かったせいだろうが、それほどむごたらしく感じなかったが、今度はビルの焼け跡などが多くて一段と胸が痛む。侍従長、これで東京も焦土になったね。

［藤田 一九六一：八五－八六頁］

この「行幸」では犠牲者の遺体などはのぞかれていたと考えられるが、それでも昭和天皇は「これで東京も焦土になったね」と語る。アメリカ軍機の戦略爆撃による被害を認識している。「明治宮殿」をはじめとする皇居焼失さえ経験した。さらに、八月六日広島、八月九日長崎への原子爆弾

＊5　「昭和天皇独白録」の名称は寺崎英成の『昭和天皇独白録 寺崎英成御用掛日記』による。記録者は稲田周一、木下道雄がそれを補訂したものであるという［寺崎 一九九一：二〇頁］。木下道雄は『側近日誌』のなかで、一九四六年（昭和二一）三月一八日「吾々の研究事項」、三月二二日「第二回御前研究会」、四月八日「陛下の御記憶を承る」［木下道雄 一九九〇：一七〇、一七六、一八五頁］と記し、この昭和天皇からの語りを「研究」という単語によって表現している。

＊6　この二点については、木下道雄の一九七〇年（昭和四五）の日記にも同じ記述をみることができる［木下道雄 一九九〇：二二八頁］。

投下である。日本全土の焼亡を予感できたはずである。
しかし、昭和天皇がアメリカ軍機の戦略爆撃による被害を自覚したのは、戦争終結後であった可能性もある。八月二三日、入江侍従の『入江相政日記』が、次のような記録を残す。

午前十時山崎内相拝謁、戦争中の空襲の綜合被害につき奏上、死傷六十余万、罹災者九百数十万人といふ話。沙汰の極りである。併しその中二十数万の死傷者がたつた二発の原子爆弾によるものである事も驚き入つた事である。

〔入江 一九九〇：四四二頁〕

八月二三日、山崎巌《いわお》（一八九四－一九六八）内務大臣が、昭和天皇に戦略爆撃による被害を報告している。仮に、戦争終結後の八月二三日の時点で、昭和天皇が戦略爆撃による被害をはじめて正確に知ったとすれば、ポツダム宣言受諾の理由として国民の保護を考えたという「昭和天皇独白録」の回想は、戦争終結後の理由づけ、あと知恵による合理化と考えることもできよう。
もうひとつは、「三種の神器」の危うさである。

第二には国体護持の事で木戸も仝《(同)》意見であつたが、敵が伊勢湾附近に上陸すれば、伊勢熱田両神宮は直ちに敵の制圧下に入り、神器の移動の余裕はなく、その確保の見込が立たない、これでは国体護持は難しい、故にこの際、私の一身は犠牲にしても講和をせねばならぬと思つた。

〔寺崎 一九九一：一二六－一二七頁〕

アメリカ軍が伊勢湾に上陸すれば、伊勢神宮と熱田神宮の「三種の神器」も征服されるだろうという。ポツダム宣言受諾の理由として、「国体護持」をとりあげ、それを天皇の統治権、政治権力としてではなく、天皇王朝皇位の象徴としての「三種の神器」の危うさとして語っている。「昭和天皇独白録」の時期は、連合国の占領下、民主化と憲法改正作業がすすむ。昭和天皇への戦犯訴追の可能性も消えたわけではない。「国体護持」を政治過程からそらしつつ、「三種の神器」の「護持」にすり替えていると読むことも可能であろう。

しかし、一九四五年（昭和二〇）七月末、木戸内大臣にそれらの全滅の可能性を語ったように、昭和天皇にとっての「国体護持」は、その象徴としての「三種の神器」の「護持」と一体であった。昭和天皇がポツダム宣言受諾を「国体護持」のための最終手段として意識していたこと、それがこの「昭和天皇独白録」にもあらわれていると考えることができる。

# 第6章　セットになった「国体護持」と「原子爆弾」

## 八月一〇日、ポツダム宣言受諾通知「天皇ノ国家統治ノ大権ヲ変更スルノ要求ヲ包含シ居ラザルコト」

八月一〇日未明、ポツダム宣言受諾決定のあと、東郷外務大臣は外務省（五月二五日アメリカ軍機の爆撃により外務省は全焼したので文部省内の仮庁舎）へ戻る。連合国への通知電報を準備する。外務省は、午前六時四五分発電暗合六四七号・午前七時一五分発電略合第六四八号・午前九時発電略合第六四九号により打電、[*1]加瀬俊一《しゅんいち》（一八九七－一九五六）スイス公使[*2]がスイス政府を通してアメリカ・中華民国へ、岡本季正《すえまさ》（一八九二－一九六七）スウェーデン公使がスウェーデン政府を通してイギリス・ソ連へ、ポツダム宣言受諾を通知する。加瀬スイス公使がスイス外務次官に面会、アメリカ・中華民国への伝達を依頼したのが八月一〇日スイス時間午後六時（日本時間八月一一日午前二時）、

＊1　これらの発電時刻については、アメリカ側の資料と時刻が異なるため、実際の時刻ではなく、目標時刻にすぎなかったのではないかという指摘がある［北山 一九九六：一五三－一五四頁］。

＊2　一九四五年（昭和二〇）外務省には同姓同名の「加瀬俊一」が二人いる。一人は加瀬俊一《しゅんいち》スイス公使であり、もう一人は九月二日東京湾上戦艦ミズーリでの降伏文書調印式随行員をつとめた加瀬俊一《としかず》（一九〇三－二〇〇四）政務局五課長である［秦編 二〇一三：一六四頁］。「俊一」の読み方が「しゅんいち」と「としかず」とで異なる。

岡本スウェーデン公使がスウェーデン外務大臣に面会、伝達を依頼したのがスウェーデン時間八月一〇日朝（日本時間八月一〇日夕方ごろ）であった〔東郷 一九五二：三四六頁〕〔外務省編 一九五二b：六〇一－六〇九頁〕。

これらとともに、外務省は、松本俊一《しゅんいち》（一八九七－一九八七）外務次官の指示により、八月一〇日午後八時一五分、[*3] 同盟の無線によって海外向けにポツダム宣言受諾英文原稿を放送する〔長谷川 一九四六：五三頁〕〔長谷川・山本 一九四八：三一頁〕〔長谷川 一九六四：二四二頁〕〔鹿島平和研究所編 一九七二：二三三、二七九頁〕。トルーマン大統領が日本のポツダム宣言受諾通知をはじめて知るのは、正式な外交ルートによるそれではなく、この同盟放送の傍受によってであった〔ハリー・S・トルーマン 一九六六：三〇九－三一〇頁〕。

外務省による連合国へのポツダム宣言受諾通知の核心部分、「国体護持」の表現は、次のようなものである。

まずは、日本文である。

帝国政府ハ昭和二十年七月二十六日米英支三国首脳ニヨリ共同ニ決定セラレ爾後《じご》ソ連邦政府ノ参加ヲ見タル対本邦共同宣言ニ挙ケラレタル条件中ニハ天皇ノ国家統治ノ大権ヲ変更スルノ要求ヲ包含シ居ラザルコトノ了解ノ下ニ帝国政府ハ右宣言ヲ受諾ス

次は、英文である。

The Japanese Government are ready to accept the terms enumerated in the Joint Declaration which was issued at Potsdam on July 26th, 1945 by the heads of the Government of the United States, Great Britain and China, and later subscribed by Soviet Government, with the understanding that the said Declaration does not comprise any demand which prejudices the prerogatives of His Majesty as a sovereign ruler.

〔外務省編 一九五二b：六〇四－六〇五頁〕〔外務省編 一九六六：六三二頁〕

巧妙な言いまわしで、「国体護持」（「天皇ノ国家統治ノ大権ヲ変更スルノ要求ヲ包含シ居ラザルコト」）を条件として、ポツダム宣言受諾を通知している。

　このうち「天皇ノ国家統治ノ大権」は、最高戦争指導会議「御前」会議で東郷外務大臣が提出した原案では「天皇の国法上の地位」であった。平沼騏一郎枢密院議長が、この原案に対して、「言葉としては「天皇の国家統治の大権に変更を加ふるが如き要求は之を包含し居らず」ならば差支なし」と述べ、修正されたものであった〔外務省編 一九五二b：五九八〕〔保科 一九七五：一四六頁〕。これについては、東郷外務大臣・迫水内閣書記官長も同内容を回想している〔東郷 一九五二：三四六頁〕〔迫水 一九四六：六八頁〕。

＊3　この時刻については、正確に午後八時一五分ではなく、その前後ではないかという指摘もある〔鳥居 二〇一四：七〇二－七〇五頁〕。同盟から出向し日本放送協会海外局編成部長であった大屋久寿雄《くすお》（一九〇九－一九五一）によれば、午後八時から放送を開始、それをくりかえしたという〔大屋 一九四五：二八頁〕。

## 八月一一日、新聞の「国体護持」と「原子爆弾」

八月一〇日、鈴木総理大臣は午後二時から午後五時まで再び閣議を開く。その議題はポツダム宣言受諾をどのように国民に発表するか、情報発信の方法であった〔下村 一九四八：一二九頁〕〔迫水一九六四：二七一－二七二頁〕。閣議の結論は、国民へのポツダム宣言受諾の発表は昭和天皇「詔書」により、国民に印象づけるための方法を検討する、徐々に国民をポツダム宣言受諾へ誘導する、というものであった。国民への情報操作である。


何よりも一旦降伏の申込をした事が公表されてからは、その後に大詔が煥発されても、その響きが薄くなるばかりでなく、大詔に先だちて公表すれば、戦争継続派のため不測の事変が起り収拾しがたくなる懸念が多分にある。

之を要するに、大詔により、国民をして初めて承知し、覚悟をきめしむべく、その前の公表はさし控ふべきである。さうした見地から本件の発表の時期は大詔が発せられし時といふ事に決定し、その他は閣議をまたず、私が陸海軍及び外務大臣との間に打合はせし、臨機取りきめる事とし、爾来三相と打合はせの上いよいよ確定するまではヂリヂリと終戦の空気へ方向転換の足取りを進める事となつた。

〔下村 一九四八：一三〇－一三一〕

ポツダム宣言受諾の発表の準備は、下村国務大臣兼情報局総裁が東郷外務大臣・阿南陸軍大臣・米内海軍大臣と相談のうえで行なうことになった。

下村国務大臣兼情報局総裁は、この日さっそく、東郷外務大臣・阿南陸軍大臣・米内海軍大臣と相談、八月一〇日午後四時三〇分の談話を発表する〔下村 一九四八：一三一頁〕。新聞報道は翌八月一一日である。『朝日新聞』は、「一億、困苦を克服　国体を護持せん　下村情報局総裁談　戦局は最悪の状態」の見出しのもと、それを掲載する。

（前略）敵米英は最近新に発明せる新型爆弾を使用して人類歴史上嘗て見ざる残虐無道なる惨害を一般無辜の老幼婦女子に与へるに至つた。加ふるに昨九日には中立関係にありしソ聯が敵側の戦列に加はり一方的な宣言の後我に攻撃を加ふるに至つたのである。わが軍固より直ちにこれを邀《むか》へて容易に敵の進攻を許さゞるも、今や真に最悪の状態に立至つたことを認めざるを得ない。正しく国体を護持し民族の名誉を保持せんとする最後の一線を守るため、政府は固より最善の努力を為しつゝあるが、一億国民にありても国体の護持のためにはあらゆる困難を克服して行くことを期待する。

アメリカの「新型爆弾」投下、その「残虐」を強調、ソ連の参戦、戦局は「今や真に最悪の状態に立至つた」といい戦争終結を匂わせる。それとともに、繰り返すのは「国体護持」である。「正しく国体を護持し」また「国体の護持のためには」という。ポツダム宣言受諾を極秘としつつも、それを匂わせ、同時に「国体護持」を強調する。戦争終結を示唆しつつ、国民を「国体護持」へ集中させる情報操作でもあった。

ただし、『朝日新聞』八月一一日一面トップは写真入りでの「皇太子殿下　戦局に深き御関心　行啓先に拝す畏き御日常」であり、下村国務大臣兼情報局総裁談談話の左側は、本土決戦・一億「玉砕」を表明する陸軍大臣訓示であった。阿南陸軍大臣未許可の訓示を陸軍の戦争継続派が流した情報であったが［下村 一九四八：一三二－一三四頁］［林三郎 一九五一：一六五頁］［外務省編 一九五二b：六一〇頁］、下村国務大臣兼情報局総裁談話とは矛盾する報道となった。

すでにみたように、『朝日新聞』八月一一日の新聞報道は、八月八日からはじまる「新型爆弾」報道を、「原子爆弾」報道へと転換させた初日でもあった。[*4]

この「原子爆弾」報道をも含めて、あらためて、この八月一一日『朝日新聞』一面紙面を確認すると、

（1）一面トップを「皇太子殿下　戦局に深き御関心　行啓先に拝す畏き御日常」として写真入りで明仁《あきひと》皇太子（一九三三－）の近況を伝え、

（2）一面中央上段で下村国務大臣兼情報局総裁の談話「一億、困苦を克服　国体を護持せん　下村情報局総裁談　戦局は最悪の状態」により「国体護持」を説く。

（3）一面中央中段で「国際法規を無視せる　残虐の新型爆弾　帝国、米政府へ抗議提出」としてアメリカ政府への「残虐」な「新型爆弾」の抗議を伝え、

（4）一面中央下段で「原子爆弾の威力誇示　トルーマン・対日戦放送演説」として、八月九日トルーマン大統領の演説により、その「新型爆弾」は「原子爆弾」であると説明する。

（1）明仁皇太子⇓（2）「国体護持」、（3）「残虐」な「新型爆弾」⇓（4）「原子爆弾」の紙面構成である。

皇位継承者の少年明仁皇太子、「国体護持」とともに、「残虐」な「新型爆弾」＝「原子爆弾」を突出させている。

八月一一日一面の紙面構成は、『読売報知』も、判を押したかのように、ほとんど同じである。

（1）一面トップを「畏し皇太子殿下の御日常　撃剣益々御上達　輝く天稟の御麗質拝す」として写真入りで明仁皇太子の近況を伝え、

（2）一面中央上段で下村国務大臣兼情報局総裁の談話「今や真に最悪の事態到る　情報局総裁談・国民の覚悟と忍苦要望　最後の一線・国体護持　最善の努力を傾注　空前の殺戮新型爆弾」により「国体護持」を説く。

＊4　「新型爆弾」と「原子爆弾」の報道については、八月一〇日ポツダム宣言受諾決定をはさんで、国民を戦争終結へ誘導するために、「原子爆弾」としての報道解禁があったという指摘がすでにある［有山 a 一九九三：七頁］［竹山一九九四：一六七頁］。ラジオ放送が「新型爆弾」を「原子爆弾」として放送したのは、八月一三日からであったという［竹山一九九四：一七〇－一七一頁］。

（3）一面右下段で「毒ガスに優る残虐　即時放棄せよ　新型爆弾　帝国政府断乎抗議」として
アメリカ政府への「残虐」な「新型爆弾」の抗議を伝え、
（4）一面右下段、（3）の下部で、「トルーマン　対日威嚇演説〝降伏か、新型爆弾か〟」として、
八月九日トルーマン大統領の演説を紹介する。ただし、すでにみたように、『読売報知』は
『朝日新聞』とは異なり、この時点では「原子爆弾」ではなく「新型爆弾」を使う。また、こ
れもすでにみたように、『読売報知』はこの記事の左側に長崎への原子爆弾投下記事「長崎に
も新型爆弾　相当数の家屋倒壊、死傷」を載せている。

ポツダム宣言受諾を決定したあと、新聞報道は「国体護持」と「原子爆弾」のバランスをとり配置させた。そして、『朝日新聞』と『読売報知』の紙面構成の類似は、それが情報局の指示によった可能性を示唆する。[*5]

## 八月一二日、新聞の「国体護持」と「原子爆弾」

「国体護持」と「原子爆弾」のセットは、『朝日新聞』では翌日八月一二日も続く。一面トップは、下村国務大臣兼情報局総裁談話をふまえた、「国体護持」についてである。「大御心を奉戴し赤子の本分達成　最悪の事態に一億団結」の見出しのもと、戦争終結とも本土決戦ともとることのできる、観念的な文章が続く。

一旦混沌として行くところを知らず、為すところ知らざる段階においても日の本の国の有難さは魂の拠りどころ、行動の帰一するところを有つ点に存する、日本語には西洋語におけるやうな『彷徨へる魂』といふ言葉はない、上御一人の大御心を民の心とし、上御一人の御命令を畏み奉ずるところ、死中の活路はこゝに自づから開けるのである、我々の祖先は実にかくのごとくして幾度かの国難を打開し、そして今日の日本を、その精神と血とともに我々に伝へたのである。

天皇ひとり（「上御一人」）のもとに国民があり、その指示にしたがうこと（「御命令を畏み奉ずるところ」）こそが、国民の本分であるという。それにより「死中の活路」を開くことができるという。「死中の活路」、どこか本土決戦を匂わせる。

しかし続けて、下村国務大臣兼情報局総裁談を紹介しつつ、戦局の悪化を率直に認める。

＊5　これについては、すでに、情報局と各新聞社が打ち合わせ、このように記事を組んだのではないかという指摘がある［有山ａ一九九三：三－四頁］。また、原子爆弾の報道については、松浦総三『松浦総三の仕事②戦中・占領下のマスコミ』（一九八四）が、日本政府は原子爆弾の報道統制だけではなく、国民向けには、原子爆弾が戦争終結をやむなくさせたようなレトリックを創出し、原子爆弾を情報操作に利用していると指摘している。

ただし、地方紙では、この配置がやや異なる。たとえば、『東京新聞』は、明仁皇太子の近況を八月一〇日一面トップで写真とともに「皇太子殿下御健勝　畏し、国民と同じ配食の御生活」で伝え、下村国務大臣兼情報局総裁の談話を八月一一日一面トップで「一億断じて守らん　国体護持の一線　帝国今や最悪事態に立つ」で伝えている。『長崎新聞』は、八月一一日一面トップに「皇太子殿下御精励　畏し御学友同様の御日常」で近況を伝えるが写真の掲載はない。下村国務大臣兼情報局総裁の談話は同日八月一一日一面中央下に「事態は今や最悪　国民奮起・国体を護れ　情報局総裁談」として伝えている。

図1　靖国神社参拝写真［『朝日新聞』1945年8月12日一面］

ソ聯が我方に対し、一方的に宣戦布告し、軍事行動を開始せる事実、かてゝ加へて米英が原子爆弾を使用し、人類史上かつて見ざる残虐なる大量殺戮を開始せる事実とは、既にサイパンの失陥以来、比島沖縄を経て現在にいたる戦局を更に一段と重大化せしめ、今や最悪の状態に立至れることは情報局総裁も率直に認むるところである。事態は正に最後の関頭といふべく、国体を護持し、民族の名誉を保持し得るか否かの最後の一線に立ち至つてゐるのである。

「残虐」な「原子爆弾」とソ連の参戦により戦局を「最悪の状態」とし、下村国務大臣兼情報局総裁談話をふまえ、「最後の一線」は「国体護持」にあるという。

さらに、『朝日新聞』は、この一面トップの左側に、**図1**の靖国神社拝殿前で頭深く参拝する二人の写真を載せ（キャプションはない）、「国体護持を祈る」の見出しのもと、「十一日夕暮れ近きころ、九段靖国神社に額づく人の前にこの難局に立ちてひたすらに祈る国民の姿をみた」という。「国体護持」の大合唱である。ただ、この写真、使いまわされていたのであろう。まったく同じ写真を、戦争終結後の八月一六日『中国新聞』二面上段で、「大和民族悠久の大義に生きん　靖国神社に参拝する民草」でもみることができる。同じ写真が、『朝日新聞』では戦争終結前の八月一二日、『中国新聞』では戦争終結後の八月一六日の使用であった。

厳密にいえば、いつだれがこの写真を撮ったのか、不明である。確実にいえることは、写真を使いまわすということは、紙面構成に情報操作の意図があり、情報を発信する新聞社がそれに適合しそうな写真を選んだ、あるいは、情報局の指導があったことを意味する。写真に写された情景は、その時点でその現場に存在したのではなく、紙面構成の意図に応じて選ばれているにすぎない。写真じたいが「やらせ」の可能性さえもある。

八月一〇日未明のポツダム宣言受諾の決定。戦争終結の発表を予定し、八月一一日・八月一二日の新聞紙の情報開示は、「国体護持」と「原子爆弾」を前面に出した。「国体護持」と「原子爆弾」がセットである。国民の意識を「原子爆弾」へ誘導し、目をそらし、それにより「国体護持」を盤石のものにしようとする情報操作であろう。

## 昭和天皇独白録「国体護持が出来なければ、戦争を継続するか」「私は勿論だと答へた」

鈴木内閣が、ポツダム宣言受諾通知に対する連合国からの返答を傍受するのは八月一二日であった。八月一三日までの国家意思は、陸軍には戦争継続派もあり、次のように動く。

八月一〇日、東郷外務大臣が総理大臣官邸で、「重臣」(元総理大臣)若槻礼次郎・岡田啓介・廣

田弘毅〔一八七八－一九四八〕・近衛文麿・平沼騏一郎・東條英機・小磯国昭に対してポツダム宣言受諾通知までの経過を説明、そのうえで、昭和天皇が午後三時三五分から午後四時三〇分まで宮中「御文庫」で、彼ら「重臣」を召集、木戸幸一内大臣も臨席、ポツダム宣言受諾決定を話す[*6]〔東郷一九五二：三四八頁〕〔木戸一九六六：一二二四頁〕。

八月一一日、高松宮宣仁邸で、午後一時から、高松宮・三笠宮崇仁はじめ皇族が集まり、東郷外務大臣がポツダム宣言受諾までの経過を説明、皇族はその結果を支持する〔東久邇一九四七：一〇一頁〕〔東久邇一九五七：一九五頁〕〔東郷一九五二：三四八頁〕。さらに、八月一二日午後三時から午後五時二〇分まで、昭和天皇が宮中「御文庫」で皇族会議を召集、ポツダム宣言受諾について説明、皇族会議はその決定を確認する[*7]〔東久邇一九四七：一〇四－一〇五頁〕〔東久邇一九五七：一九六－一九七頁〕〔木戸一九六六：一二二五頁〕。八月一二日夜、阿南陸軍大臣が陸軍少佐でもあった三笠宮を訪問、戦争継続を訴えると、三笠宮はそれを拒絶し戦争継続派を抑止している〔高木一九五一：一五八頁〕〔林三郎一九五一：一六六頁〕。

八月一二日までに「重臣」と皇族会議は、昭和天皇の決定、ポツダム宣言受諾についての国家意思を確認したことになる。

ただし、戦争終結後七ヶ月余あとの「昭和天皇独白録」は、この八月一二日の皇族会議について、次のように述べている[*8]。

十二日、皇族の参集を求め私の意見を述べて大体賛成を得たが、最も強硬論者である朝香宮が、講和は賛成だが、国体護持が出来なければ、戦争を継続するか〔と〕質問したから、私は勿論だと答へた。

［寺崎 一九九一：一二九頁］

朝香宮鳩彦《やすひこ》（一八八七－一九八一）（「朝香宮」）が昭和天皇に、「国体護持」が不可能であれば戦争継続するのかと質問をする。それに対して、昭和天皇はポツダム宣言受諾ではなく戦争継続であると回答としたという。昭和天皇自身の回想であるので、昭和天皇のこの発言は存在したと考えてよいだろう。

そうであるとすれば、昭和天皇においてもポツダム宣言受諾の最終目的は、その優先順位において、戦争終結そのものが第一義ではなく、第一義は「国体護持」であったことになる。この発言に

＊6　この「重臣」召集について、徳川義寛侍従がその『徳川義寛終戦日記』のなかで、時間を「三・三〇－四・三二」（午後三時三〇分－午後四時三二分）、「重臣お召」と記す［徳川義寛 一九九九：二五九頁］。昭和天皇が彼ら「重臣」を特別に召集する形式をとり、ポツダム宣言受諾を説明したことになる。

＊7　この皇族会議召集についても、徳川義寛侍従がその『徳川義寛終戦日記』のなかで、時間を「三・二〇－五・二〇」（午後三時二〇分－午後五時二〇分）、「皇王公族お召」と記す［徳川義寛 一九九九：二六一頁］。「重臣」に対する召集と同様にして、昭和天皇が皇族を特別に召集する形式をとり、ポツダム宣言受諾を説明している。そのあと直宮の高松宮宣仁・三笠宮崇仁とは再面談している［徳川義寛 一九九九：二六一頁］。

ただし、この皇族会議は、皇室典範第五五条による皇族会議の構成員とは異なるので、正式な皇族会議ではない。皇室典範第五五条では、「皇族会議ハ成年以上ノ皇族男子ヲ以テ組織シ内大臣枢密院議長宮内大臣司法大臣大審院長ヲ以テ参列セシム」［伊藤博文 一八八九：一九五頁］とある。このときの皇族会議は、文字通りの皇族のみが召集されているので、皇族会議といいつつも、皇室典範に規定されない皇族会議であった。

＊8　この皇族会議での昭和天皇の発言については、木下道雄の一九七〇年（昭和四五）の日記にも同じ記述をみることができる［木下道雄 一九九〇：二二八頁］。

よれば、昭和天皇にとって、戦争終結の至上命題は、国民のためでも平和のためでもなく「国体護持」にあった。戦争終結はそのための最終選択肢であった。

## 八月一二日、昭和天皇「先方回答の通りでいゝと思ふ」

八月一二日午前〇時過ぎ、同盟と外務省ラジオ室が、ほぼ同時にポツダム宣言受諾通知への連合国の回答を傍受する。同盟は、迫水内閣書記官長・外務省など関係機関へ、外務省ラジオ室は東郷外務大臣・松本外務次官へ連絡する。外務省では東郷外務大臣邸で午前五時三〇分からその検討に入る［長谷川・山本 一九四八：三二頁］［外務省編 一九五二b：六三〇頁］［東郷 一九五二：三四八頁］。午前一一時東郷外務大臣は昭和天皇と面談、連合国の回答を伝えると［木戸 一九六六：一二二五頁］、昭和天皇は東郷外務大臣に対して「先方回答の通りでいゝと思ふから其儘応諾するやうに取運ぶがいゝだらう」と応える［東郷 一九五二：三五〇頁］。昭和天皇は軌道修正することなく、ポツダム宣言受諾の意思を伝えている。

鈴木内閣は、午後三時鈴木総理大臣が閣僚懇談会を開くが、ポツダム宣言受諾を主張する東郷外務大臣と、それに反対する戦争継続派の阿南陸軍大臣とが対立する。陸軍内に多い戦争継続派の動きも活発となり、鈴木総理大臣までもが一時戦争継続に傾いたが、再びポツダム宣言受諾を確認する［外務省編 一九五二b：六四八－六五〇頁］。

五項ある連合国の回答のなかで、もっとも問題となったのは第一項と第四項で、それはここでも

「国体護持」についてであった。

まずはそれぞれの日本文（外務省翻訳）と英文（外務省ラジオ室傍受文）である。

第一項

降伏ノ時ヨリ天皇及ヒ日本国政府ノ国家統治ノ権限ハ降伏条項ノ実施ノ為其ノ必要ト認ムル措置ヲ執ル連合国軍最高司令官ノ制限ノ下ニ置カルルモノトス

From the moment of surrender, the authority of the Emperor and the Japanese Government to rule the state shall be subject to the Supreme Commander of the Allied Powers, who will take such step as he deems proper to effectuate the surrender terms.

第四項

最終的ノ日本国ノ政府ノ形態ハ「ポツダム」宣言ニ遵ヒ日本国国民ノ自由ニ表明スル意思ニヨリ決定セラルヘキモノトス

The ultimate form of government of Japan shall in accordance with the Potsdam Declaration be established by the freely expressed will of the Japanese people.

［外務省編 一九五二b：六三八－六三九、六四二頁］［外務省編 一九六六：六三五頁］

第一項では、占領下の統治権は連合国軍最高司令官のもとに置かれ、第四項では占領解除後の国家形態（「最終的の日本国の政府の形態」）は日本国民の決定（「日本国国民の自由に表明する意思により決定」）によるとされる。「国体護持」、天皇の統治権の所在はあいまいである。そのために、この回答のままポツダム宣言を受諾してよいのかどうか、それが意見の対立、議論の対象となった。[*9]

ここでも、最重要課題は「国体護持」であった。

アメリカからの正式回答が、加瀬スイス公使から外務省に届いたのは、八月一二日午後六時一〇分第八五七号と午後六時四〇分第八七六号によってであった。外務省は戦争継続派の動きを警戒しそれを秘匿、八月一三日午前七時四〇分着として報告する〔外務省編 一九五二b：六六七－六六九、六七六頁〕。鈴木総理大臣は、午前九時から中断をはさみ午後三時まで最高戦争指導会議、午後四時から閣議を開く。しかし、東郷外務大臣などによるポツダム宣言受諾と、阿南陸軍大臣などによる戦争継続の主張は、平行線をたどり意見の一致をみなかった〔迫水 一九四六：六九－七〇頁〕〔東郷 一九五二：三五三－三五四頁〕〔外務省編 一九五二b：六七六－六七七頁〕。

＊9　連合国の回答に拒否感をしめした陸軍の翻訳は、この第一項の最終部分を「聯合国最高司令官ニ隷属スベキモノナルコト」とする〔参謀本部所蔵編 一九八九：二八五頁〕。外務省の翻訳の「連合国軍最高司令官ノ制限ノ下ニ置カルルモノトス」よりも、連合国への従属性を高く設定する翻訳を行なっている。

# 第7章　ポツダム宣言受諾「詔書」と「玉音」放送の演出

## 八月一四日、木戸幸一「御決意の極めて堅きを拝し、恐懼感激す」

八月一三日・八月一四日の新聞報道は戦局が中心となる。『朝日新聞』八月一三日一面トップは「雄基《ウンキ》、琿春《こんしゅん》、海拉爾《ハイラル》等でソ聯軍を邀へ激戦　潜水部隊沖縄で敵船三隻撃沈」、八月一四日一面トップは「大型水上機母艦撃沈　潜水部隊沖縄南東海面で」であった。『読売報知』も同じ紙面構成で、八月一三日一面トップは「東、西にソ聯軍進出　日満両軍呼応激戦　鉄鯨沖縄三船撃沈」、八月一四日一面トップは「大型水上機母艦一隻　沖縄海面で撃沈　わが潜水部隊の猛攻」である。語彙がやや異なるだけであった。

ポツダム宣言受諾に向けて国家意思の最終決定直前、新聞報道は「大本営発表」に戻っていた。この状態に対して、積極的な情報戦略を実行したのはアメリカであった。八月一三日東京上空から、日本のポツダム宣言受諾通知とそれに対するアメリカの回答を伝える「伝単」（宣伝ビラ）を大量に撒いたのである。

この「伝単」は、「日本の皆様」と題してはじまる。

私共は本日皆様に爆弾を投下するために来たのではありません。お国の政府が申込んだ降伏条件をアメリカ、イギリス、支那並にソビエット連邦を代表してアメリカ政府が送りました回答を皆様にお知らせするために、このビラを投下します。戦争を直ちにやめるか否かはかか（ママ）つてお国の政府にあります。皆様は次の二通の公式通告をお読みになればどうすれば戦争をやめる事が出来るかがお判りになります。

［外務省編 一九五二b：六七五頁］［徳川夢声 一九六〇：一四六頁］

「伝単」は、この前置きで、日本政府（「お国の政府」）がポツダム宣言受諾を通知し、それへのアメリカの回答（「アメリカ政府が送りました回答」）を知らせるという。続けて、「八月九日　日本政府より聯合国国政府への通告　英文より翻訳」として外務省によるポツダム宣言受諾通知と、「アメリカ合衆国・大英帝国・ソビエット聯邦及び中華民国を代表して、米国々務長官より日本政府へ伝達したメッセーヂの全文。（八月十一日）」として、連合国による回答を掲載する（日付はアメリカ時間によると考えられる）。

日本のポツダム宣言受諾とそれの連合国への回答は、あとでみるように情報漏洩はあったが、基本的には極秘であった。八月一三日、アメリカは東京上空から撒いた「伝単」によって、その極秘情報を暴露していた。アメリカによる情報戦略である。

アメリカによるこの「伝単」撒布は大規模で影響力を持った。

たとえば、俳優・マルチタレント徳川夢声《むせい》（一八九四－一九七一）の『夢声戦争日記』八月一四日は、友人が自宅に置いていったというこの「伝単」を紹介する。

昨夜あたり（或は今朝あたり）Bのやつが撒いたものであろうが、これを見るといつもの謀略ビラと態度が異なつている。国体については、認めるとも認めないとも直接明言してない。これが暗雲かかる一点である。

〔徳川夢声 一九六〇：一四五－一四七頁〕

徳川夢声も、連合国の回答が「国体護持」について不明確であると理解し、それを不安視している。「B」とはB29戦略爆撃機のことである。

木戸内大臣の『木戸幸一日記』八月一四日は、この「伝単」について、昭和天皇と面談したところからはじまる。

敵飛行機は聯合国の回答をビラにして撒布しつつあり。此の情況にて日を経るときは全国混乱に陥るの虞《おそれ》ありと考へたるを以て、八時半より同三十五分迄、拝謁、右の趣を言上す。御決意の極めて堅きを拝し、恐懼感激す。

〔木戸 一九六六：一二二六頁〕

朝八時三〇分から三五分まで五分間であるが、木戸内大臣は昭和天皇と面談し（「拝謁」）、この「伝単」撒布について昭和天皇に報告している（「右の趣を言上す」）。昭和天皇も「昭和天皇独白録」のなかで、木戸内大臣からの報告に基づくのであろう、次のように述べている。

かやうに意見が分裂してゐる間に、米国は飛行機から宣伝ビラを撒き始めた。日本「ポツダム」宣言受諾の申入をなしつゝあることを日本一般に知らせる「ビラ」である。このビラが軍隊一般の手に入ると「クーデタ」の起るのは必然である。

［寺崎 一九九一：一三三頁］［傍点−原文］

アメリカの撒いた大量の「伝単」が、徳川夢声のような一国民から、国家意思を決定する昭和天皇にいたるまで、動揺を与えた。アメリカの情報戦略は成功であった。

昭和天皇のポツダム宣言受諾の決意は固かった（「御決意の極めて堅きを拝し」）。木戸内大臣はそれを知り「恐懼感激」している。「恐懼」は天皇への至高の敬語表現、それに続く「感激」であった。

## 八月一四日、昭和天皇「外に別段意見の発言がなければ私の考を述べる」――「聖断」（3）

木戸内大臣の『木戸幸一日記』八月一四日は、この「伝単」についての昭和天皇との面談に続き、最高戦争指導会議＋閣議合同の「御前」会議召集の記事へと続く。

八時四十分より同五十二分迄、鈴木首相と共に拝謁す。十時半より閣僚、最高戦争指導会議聯合の御前会議召集を仰出さる。

［木戸 一九六六：一二二六頁］

よく知られる、昭和天皇が召集しポツダム宣言受諾を最終決定したこの「御前」会議は、「御文庫」会議室で、午前一〇時五〇分過ぎから正午ごろまで開かれた。[*1]

正確にいえば、この「御前」会議は、それまでの「御前」会議が最高戦争指導会議であったのに対して、これのみは最高戦争指導会議＋閣議合同、さらに、八月一〇日未明の「御前」会議と同じく枢密院議長が加わったものであった。したがって、この八月一四日のそれは正確には最高戦争指導会議＋閣議＋枢密院議長「御前」会議というべきものである。

八月一〇日未明の最高戦争指導会議「御前」会議では、鈴木総理大臣がそれに続いて閣議を開き、その決定を追認する手順をとった。しかし、いっそうの緊急性によるものであろう、八月一四日の「御前」会議は、最高戦争指導会議＋閣議＋枢密院議長、彼らが一堂に会し、昭和天皇がポツダム宣言受諾、戦争終結を宣言した。統治権者昭和天皇をそれぞれにおいて補佐する、「股肱」の軍人、「輔弼」者、「諮詢」する枢密院、昭和天皇は、それらすべてに対して、一括して、ポツダム宣言受諾、戦争終結を命令したことになる。

昭和天皇の発言は、下村国務大臣兼情報局総裁が、みずからのメモと記憶のもと、太田耕造（一八八九－一九八一）文部大臣・左近司政三《さこんじせいぞう》（一八七九－一九六九）国務大臣のメモと照合、鈴木総理大臣の確認を経たという『終戦記』の記録が正確であろう〔下村 一九四八：一五〇頁〕。

＊1　この時間は、『木戸幸一日記』が、午前一〇時五〇分から五二分まで昭和天皇と面談、「正午」の「御前」会議終了後、昭和天皇と再び面談と記すので〔木戸 一九六六：一二二六頁〕、それにより時間を確定した。

外に別段意見の発言がなければ私の考を述べる。

反対側の意見はそれ〴〵能く聞いたが私の考は此前に申したことに変りはない。私は世界の現状と国内の事情とを充分検討した結果、これ以上戦争を継続することは無理だと考へる。

国体問題に就て色々疑義があると云ふことであるが、私は此回答文の文意を通じて先方は相当好意を持つて居るものと解釈する。先方の態度に一抹の不安があると云ふのも一応は尤もだが私はさう疑ひたくない。要は我国民全体の信念と覚悟の問題であると思ふから、此際先方の申入を受諾してよろしいと考へる、どうか皆もさう考へて貰ひたい。　［下村 一九四八：一五〇－一五一頁］

これが、アジア太平洋戦争終結のため、昭和天皇が実行した直接的な権力の行使、一回目の六月二二日、二回目の八月一〇日未明に続く、三回目の「聖断」であった。高松宮宣仁がいう天皇親政の実現、その三回目であった。

この三回目の「聖断」では、昭和天皇は、最高戦争指導会議＋閣議＋枢密院議長、統帥＋政府＋「諮詢」機関、三者全体に対して、その国家意思を明確にした。しかも、二回目の「聖断」に際しては、議事進行役の鈴木総理大臣が昭和天皇に発言を誘導する議事運営であったが、この三回目の「聖断」では、昭和天皇は「外に別段意見の発言がなければ私の考を述べる」といい、あらかじめ用意したその国家意思を開陳した。

シテは常に昭和天皇ひとりであるが、この三回目の「聖断」では、ワキは鈴木総理大臣だけではなく、出席した全員が「忠臣」としてワキをつとめ、天皇親政による昭和天皇のもとでの全会一致であった。

八月一四日、昭和天皇「私は何時でも「マイク」の前にも立つ」「此際詔書を出す必要もあらう」

この八月一四日午前中の最高戦争指導会議＋閣議合同の「御前」会議は、昭和天皇がポツダム宣言受諾、戦争終結を最終決定しただけではない。それに劣らず重要であるのは、それをどのように発表するか、国民に向けてどのように情報発信するのか、昭和天皇がそれについても発言していることである。

昭和天皇は最後に次のように述べる。

此際私としてなすべきことがあれば何でも厭はない。国民に呼びかけることが良ければ私は何時でも「マイク」の前にも立つ。一般国民には今まで何も知らせずに居つたのであるから突然此決定を聞く場合動揺も甚しいであらう。陸海軍将兵には更に動揺も大きいであらう。この気持をなだめることは相当困難なことであらうが、どうか私の心持をよく理解して陸海軍大臣は共に努力し、良く治まる様にして貰ひたい。必要あらば自分が親しく説き諭してもかまはない。此際詔書を出す必要もあらうから政府は早速其起案をしてもらひたい。

［下村 一九四八：一五一頁］

ポツダム宣言受諾、戦争終結の国民への発表は、

（1）昭和天皇のポツダム宣言受諾「詔書」による（「此際詔書を出す必要もあらう」）、

（2）昭和天皇のラジオ放送「玉音」放送による（「私は何時でも「マイク」の前にも立つ」）

の二点である。

昭和天皇は、国民へのポツダム宣言受諾の情報発信についても、最終決定したことになる。

この二点による情報発信の理由は、一般的には、国民の混乱を防ぐため（「一般国民には今まで何も知らせずに居ったのであるから突然此決定を聞く場合も甚しいであらう」）、陸海軍の動揺、暴発を防ぐため（「陸海軍将兵には更に動揺も大きいであらう」）、であるとされる。表面的にはそうであろう。

しかし核心はそうであろうか。

戦争終結の最重要課題は「国体護持」にあった。「国体護持」の国家意思を国民へ伝え徹底することが、

（1）昭和天皇のポツダム宣言受諾「詔書」

（2）昭和天皇の「玉音」放送

に求められたと考えるべきであろう。

なぜならば、昭和天皇はこれらを思いつきで発言したわけではないからである。ポツダム宣言受諾決定とともにセットで準備されている。ポツダム宣言受諾「詔書」と「玉音」放送とは、戦争終結についての単なる伝達ではなく、国民向けの情報操作でもあった。

これについては、竹山昭子『玉音放送』（一九八九）・『戦争と放送』（一九九四）が、「玉音」放送までの過程を再現、また、鹿野政直「八・一五になぜこだわるか」（一九九〇）・『歴史を学ぶこと』（一九九八）が、正午の「玉音」放送、続く新聞配達・街頭売りの順序立てには日本政府の国民向けの情報操作があったのではないかと指摘する。また、八月一五日前後の新聞報道を分析する有山輝雄「八月一五日と新聞――占領期メディア史研究」（一九九三）は、この情報操作が「国体護持」の強調のためであったのではないかと指摘する。さらに、佐藤卓己『八月十五日の神話――終戦記念日のメディア学』（二〇〇五）は報道写真の虚実に注目し、新聞による情報操作を指摘するとともに、記憶論的な方法により、一九四五年（昭和二〇）以降、八月一五日が「終戦の日」として定着していく過程を明らかにしている。有山輝雄「戦後日本における歴史・記憶・メディア」（二〇〇三）も同様であろう。

(2)「玉音」放送に至る経過を、あらためて確認してみると、その起点は、すでにみた八月八日の昭和天皇と下村国務大臣兼情報局総裁の面談にあろう。この面談後、下村は鈴木総理大臣にその内容を報告し「それはよかつたよかつた」と言われたという〔下村 一九五〇：七三頁〕。鈴木総理大臣はすでにこの時点で「玉音」放送に同意していたことになる。

(1)昭和天皇のポツダム宣言受諾「詔書」と(2)「玉音」放送をセットにする発表方法が本格

的に動くのは、八月一〇日未明の最高戦争指導会議「御前」会議でポツダム宣言受諾を決定したあと、八月一一日からであった。

『木戸幸一日記』八月一一日が記録する関係部分を時系列に並べてみる。

①十二時半、下村［宏］国務大臣来室、面談。
②三時半、石渡宮相を其室に訪ひ、勅語をラヂオにて御放送被遊《あそばされ》ては如何との意見につき、懇談す。
③三時五十五分より四時五十分迄、拝謁、ラヂオの件其他を言上す。
④五時、宮相を訪ひ、ラヂオ放送に対する聖上の思召は何時にても実行すべしとの御考なる旨を伝ふ。
⑤五時十五分、武官長を訪ひ、ラヂオ云々を伝ふ。

［木戸 一九六六：一二二四頁］

①一二時三〇分、八月八日昭和天皇との面談で「玉音」放送を提案した下村国務大臣兼情報局総裁が、木戸内大臣を訪問する。その内容は記されていないが、ポツダム宣言受諾「詔書」のラジオ「玉音」放送の提案であったと考えられる。なぜならば、そのあと②午後三時三〇分、木戸内大臣は石渡宮内大臣を訪問、昭和天皇「詔書」（「勅語」）の「玉音」放送について懇談しているからである。木戸内大臣と石渡宮内大臣が合意したのであろう、③午後三時五〇分から午後四時五〇分まで、木戸内大臣が昭和天皇と面談（「拝謁」）、「玉音」放送をあらためて提案する。昭和天皇はこの提案を了解したのであろう、④午後五時、木戸内大臣は再び石渡宮内大臣を訪問、昭和天皇がこの「詔

勅」の「玉音」放送をいつ実行してもよいと言った（「ラヂオ放送に対する聖上の思召は何時にても実行すべしとの御考」）、と伝達する。⑤午後五時一五分、木戸内大臣はさらに蓮沼侍従武官長（「武官長」）を訪問、これらを伝達している。

内大臣の基本的職務は、宮中と府中（鈴木内閣）とのパイプ役であるので、木戸内大臣は府中の下村国務大臣兼情報局総裁の提案により、ポツダム宣言受諾「詔書」を「玉音」放送により発表することを、昭和天皇のみならず、石渡宮内大臣・蓮沼侍従武官長など宮中の責任者をも含めて合意させたことになる。

これらは八月一一日までに決定された既定路線であった。

**八月一四日、下村宏国務大臣兼情報局総裁「朝の配達をのばして玉音放送と同時に正午とすればよい」**

昭和天皇「詔書」の原案を作成したのは迫水内閣書記官長である。迫水内閣書記官長は、八月一〇日未明の最高戦争指導会議「御前」会議における昭和天皇のポツダム宣言受諾の決定直後からそれをはじめる。

私は十日未明、御前会議が終って終戦の方向がきまったので、当然の職責と考えその夜から詔書の原案の起草にかかった。当時の詔勅の形式は漢文体であったから、通常の場合なら、要旨をきめてそのほうの専門家に起草を頼むのが慣例であったが、ことは極秘を要することであり、なんぴとにも相談ができないことなので、私は再度の御前会議における天皇陛下のお言葉をそのまま漢文体の文章に綴ることとして自分で原案を起草する決心をしたのであった。

［迫水 一九六四：二九四－二九五頁］

極秘にしなければならないために、迫水内閣書記官長みずから漢文体の「詔書」を起案したという（「その夜から詔書の原案の起草にかかった」）。八月一〇日・八月一一日・八月一二日毎夜その作業を行ない、親友の実業家小川一平（一九〇二－八二）・木原通雄（一九〇八－五五）内閣嘱託・実弟迫水久良（一九〇九－？）・田尻愛義（一八九六－一九七五）大東亜次官の協力があったという。そのうえで、八月一三日深夜、漢文学者川田瑞穂（一八七九－一九五一）内閣嘱託・漢文学者安岡正篤（一八九八－一九八三）の最終校閲を経て原案を完成させている[*2]［迫水 一九六四：二九五頁］。

八月一四日午前中の最高戦争指導会議＋閣議合同の「御前」会議で昭和天皇がポツダム宣言受諾の最終決定をするまでに、すでに、ポツダム宣言受諾「詔書」原案は完成し、その「玉音」放送による発表を内定していたことになる[*3]。

この「御前」会議の終了後、鈴木総理大臣は閣議を開く。内容は、「詔書」をその原案から確定する作業と、それの国民への情報開示方法の最終決定であった。

発表時間は八月一五日正午、発表方法はラジオ放送と新聞を主な手段とする。ラジオ放送については八月一五日正午放送を国民に向けてくりかえし事前通告、いっぽう、八月一五日新聞配達は朝刊の配達を止め、正午の「玉音」放送のあとの配達と決める。
下村国務大臣兼情報局総裁がこの閣議を次のように回想している。

結局正午にすれば朝寝坊も起きてゐる。内地外地を通じて聴取する能率が一番高い。今から今夜にかけさらに明朝も正午の重大放送を予告しつゞけるならば最大多数が聴取するといふことにならう。〔下村 一九四八：一六〇頁〕

まずは、八月一五日正午発表として時間が決定した。次は、発表方法である。

それでは内地では新聞の発表が一足先になる。いやそれは朝の配達をのばして玉音放送と同時に正午とすればよい。とにかく下村（筆者）は長く新聞社に居た、放送協会にもゐた、今情報局総裁を職を兼ねてゐる。大体はその辺としてあとは臨機彼に一任といふ事でまとまつた。

＊2　川田瑞穂内閣嘱託が原案を作成したという説もあるが〔茶園 一九八九：四〇－五三頁〕〔竹山 一九八九：四〇－四一頁〕、迫水内閣書記官長が職務上ポツダム宣言受諾の経緯と昭和天皇の意思・発言を知る立場にあるので、彼が原案作成の中心であったと考えておきたい。
＊3　この「御前」会議の直前、木戸内大臣と鈴木総理大臣が短時間ではあるが、昭和天皇「詔書」について面談している。『木戸幸一日記』八月一四日に「九時五十分及同十時四十分に首相と面談、御詔勅につき打合す」〔木戸 一九六六：一二二六頁〕とあり、その詳細は不明であるが、木戸内大臣と鈴木総理大臣は、「詔書」原案を事前に確認した可能性がある。

［下村 一九四八：一六〇－一六一頁］

八月一五日正午「玉音」放送の事前通知を徹底し、朝刊としての配達を差し止めこの放送後に配達（「朝の配達をのばして玉音放送と同時に正午とすればよい」）、それらにより、昭和天皇のポツダム宣言受諾「詔書」を徹底して印象づける情報操作であった［鹿野 一九九八：八九－九〇頁］。

この「玉音」放送後の新聞配達については、内務省警保局も都道府県警察に対して指示を出している。八月一四日午後一〇時、岩手県警察部長が受けた、内務省警保局から岩手県警察部長宛文書に、次のような文書が残る。

詔勅ノ関係ノ発表ハ本日中ニ行フ予定デアルガ、右関係記事ノ掲《（ママ）》載シタ新聞ハ明十五日午后一時以（降）後配布スルコト。

右ハ明日正午重大ラジオ放送アルニ付、其レ以前ニハ読者ヘノ目ニ触レシメザル趣キナリ。右念為。

尚特高課長、新聞課長、検閲課長ニ於テ左《（ママ）》ノ旨伝ヘラレタシ。

午后一〇時受

［粟屋編 一九八〇：三六六頁］

岩手県警察部長宛ではあるが、内務省警保局長から全国に同じ指示が出されたと考えてよい。八月一五日の新聞配達を、朝刊ではなく、正午の「玉音」放送後に配達するよう指示している。なお、最終行の「左ノ旨伝ヘラレタシ」の「左」については原文が存在しない。

八月一五日、ラジオ放送事前通知「国民は一人残らず謹んで玉音を拝しますように」

事前通知は徹底していた。ラジオ放送はニュースで、新聞は号外を出した。ラジオ放送は、八月一四日午後九時ニュースで一回、八月一五日午前七時二一分ニュースで二回、事前通知をくりかえした［日本放送協会編 一九七七b：三〇五頁］［竹山 一九八九：二九頁］。次にみるのは、八月一五日午前七時二一分放送の事前通知「予告文」である。

八月一五日（水曜）前七時二一分放送　全中　九分

館野放送員

謹んでお伝へ致します。
畏《かしこ》きあたりにおかせられましてはこの度　詔書を渙発あらせられます。
ポーズ
畏くも　天皇陛下におかせられましては
本日おん自ら御放送遊ばされます
洵《まこと》に恐れ多き極みでございます

国民は一人残らず謹んで玉音を拝しますように
ポーズ（クリカエスコト）
なほ昼間送電のない地方にも正午の報道の時間には特別に送電致します。
又官公署、事務所、工場、停車場、郵便局などにおきましては手持ち受信機を出来るだけ活用して国民もれなく厳粛なる態度で
かしこき御言葉を拝しますよう御手配願ひます
有難き御放送は正午でございます（クリカエスコト）
尚けふの新聞は都合により午後一時頃配達されるところもあります。
［日本放送協会編 一九七七b：三〇六頁］［竹山 一九九四：一八八－一八九頁］［竹山 一九八九：二九－三〇頁］［闕字－原文］

この「予告文」はポツダム宣言受諾の情報開示方法をすべて含む。

それは、（1）昭和天皇のポツダム宣言受諾「詔書」による（「この度 詔書を渙発あらせられます」）、（2）昭和天皇の「玉音」放送による（「天皇陛下におかせられましては本日おん自ら御放送遊ばされます」）。そして、その徹底を指示する（「国民は一人残らず謹んで玉音を拝しますように」）。さらに、「玉音」放送後の新聞配達にも言及している（「けふの新聞は 都合により 午後一時頃 配達されるところもあります」）。

なお、「玉音」放送を「玉音」と表現するもっとも早い記録は、この八月一五日午前七時二一分放送の事前通知「予告文」のなかの「国民は一人残らず謹んで玉音を拝しますように」であろう。

昭和天皇・下村国務大臣兼情報局総裁をはじめ、ポツダム宣言受諾「詔書」と「玉音」放送の演出者たちの最初の表現は、「マイク」の前に立つであった。「玉音」放送という命名は、このラジオの事前通知をもとに定着した表現であると仮定しておきたい。

『朝日新聞』の号外、八月一五日「特報」は、「けふ正午に重大放送　国民必ず厳粛に聴取せよ　十五日正午重大放送が行はれる、この放送は真に未曾有の重大放送であり一億国民は厳粛に必ず聴取せねばならない」という。

事前通知は国民の側でもおおむね受け入れられた。

たとえば、徳川夢声は八月一四日午後九時のラジオニュースを聴いた。

〔夜九時の報道〕

――正午（明日）重大発表アリ

（中略）

――（リスボン発）ロッキード会社発表PV２新型爆撃機発表

――（リスボン発）原子爆弾ニ関スル大統領トルーマンノ発表

――原子爆発の説明

――明日正午重大ナ発表ガアリマス、昼間配電ノ無イ所ニモ此時間ハ配電サレル事ニナッテオリマス

放送員の声も沈みきつて聴える。重大発表をくり返す。

［徳川夢声 一九六〇：一四七頁］［傍点－原文］

ラジオ放送は、「玉音」放送についての事前通知を行なうとともに、「原子爆弾」をもくりかえす。ポツダム宣言受諾は、事前通知のなかでも、「原子爆弾」とセットにしての情報開示であった。小説家の伊藤整（一九〇五－六九）は、疎開先の北海道で工場勤務中、同僚から聞かされこの事前通知を知る。

十二時から重大事件につき陛下のお勅語の特別放送があるから、国民は総てラジオの前に集るようにとの放送が朝にあった（中略）。それが十一時近くであった。私は直観的に休戦かも知れぬと思った。お勅語の放送が、こんなに急にあるということは開戦の時以来無いことである。そしてこの重大放送の予告である。私は工場長にその旨を話した。（中略）工員を早目に昼食をとらせること、ラジオ受信機は事務室にある故、工員を事務室の中に並ばせること等が決定された。休戦かどうか分からぬが、どうも只事《ただごと》ではない。私は理論的には休戦と考える外ないが、日本人としての感情がそれを拒み拒否するのを強く覚えた。

［伊藤整 一九八三：三三七頁］

伊藤整の工場では工員を集めラジオ「玉音」放送を聴く準備をしている。

このように、事前通知の徹底によって、徳川夢声のように個人宅で、伊藤整のように勤務先で、また、動員先などで、ラジオ「玉音」放送を聴く態勢が整えられた。

# 第8章　ポツダム宣言受諾「詔書」と「内閣告諭号外」を〝読む〟

## 八月一四日午後一一時、『官報号外』「詔書」「敵ハ新ニ残虐ナル爆弾ヲ使用シテ頻ニ無辜ヲ殺傷シ」「国体ノ精華ヲ発揚シ」

八月一四日、昭和天皇は午前中の最高戦争指導会議＋閣議合同「御前」会議でポツダム宣言受諾、戦争終結の最終決定をした。午後、鈴木総理大臣は閣議を開く。議題は、迫水内閣書記官長作成の原案に基づき、ポツダム宣言受諾「詔書」の確定である。阿南陸軍大臣をはじめ閣僚からの意見が多く、鈴木総理大臣が最終確定文を昭和天皇のもとに持参したのが午後八時三〇分であった〔木戸一九六六：一二二六頁〕。午後九時昭和天皇がこれを認可し〔徳川義寛一九九九：二六八頁〕、閣僚が副署[*1]、それとともに「内閣告諭号外」を確定、閣議が終了したのは午後一一時近くであった〔外務省編

＊1　大日本帝国憲法第五五条に、「凡テ法律勅令其ノ他国務ニ関ル詔勅ハ国務大臣ノ副署ヲ要ス」〔伊藤博文一八八九：八二頁〕とある。「詔書」の正式な手続きには、閣僚の副署が必要であった。「大日本帝国憲法義解」ではこの第五五条の部分で、副署について、「大臣ノ副署ハ左ノ二様ノ効果ヲ生ス一ニ法律勅令其ノ他国事ニ係ル詔勅ハ大臣ノ副署ニ依テ始メテ実施ノ力ヲ得大臣ノ副署ナキ者ハ従テ詔命ノ効ナク外ニ付シテ宣下スルモ所司ノ官吏之ヲ奉行スルコトヲ得サルナリ二ニ大臣ノ副署ハ大臣担当ノ権ト責任ノ義ヲ表示スル者ナリ」〔伊藤博文一八八九：八九頁〕といい、副署によって、はじめて、法律・勅令・詔勅は効力を持つとされる。

一九五二b：六九七頁〕。迫水内閣書記官長によれば、「詔書」公布はさらに実務的手続きとして『官報号外』掲載があり、その印刷局への回付、手続き終了は午後一一時であった〔迫水 一九六四：二九六頁〕。

岡田啓介元総理大臣と東郷外務大臣はこのポツダム宣言受諾「詔書」の公布を一九四五年（昭和二〇）八月一四日午後一一時と記すが〔岡田述 一九五〇：二四六頁〕〔東郷 一九五二：三五七頁〕、それはこのような「詔書」公布のすべての手続きが終了した日時・時刻を示している。

「玉音」放送は八月一五日正午であるが、その放送内容のポツダム宣言受諾「詔書」は「内閣告諭号外」とともに、八月一五日ではなく八月一四日午後一一時公布である。

よく知られ、その内容の整理も行なわれてきたが〔纐纈 二〇〇六：一五八－一五九頁〕〔纐纈 二〇一三：二九九－二三〇頁〕、ポツダム宣言受諾「詔書」を『官報号外』による正式な公布文によって、全文確認してみよう。*2

朕《ちん》深ク世界ノ大勢ト帝国ノ現状トニ鑑《かんが》ミ非常ノ措置ヲ以テ時局ヲ収拾セムト欲シ茲《ここ》ニ忠良ナル爾《なんじ》臣民ニ告ク

朕ハ帝国政府ヲシテ米英支蘇四国ニ対シ其ノ共同宣言ヲ受諾スル旨通告セシメタリ

抑々《そもそも》帝国臣民ノ康寧《こうねい》ヲ図リ万邦共栄ノ楽ヲ偕《とも》ニスルハ皇祖皇宗ノ遺範ニシテ朕ノ拳々《けんけん》措《お》カサル所曩《さき》ニ米英二国ニ宣戦セル所以《ゆえん》モ亦実ニ帝国ノ自存ト東亜ノ安定トヲ庶幾《しょき》スルニ出テ他国ノ主権ヲ排シ領土ヲ侵スカ如キハ固《もと》ヨリ朕カ志ニアラス然ルニ交戦已《すで》ニ四歳ヲ閲《けみ》シ朕カ陸海将兵ノ勇戦朕

カ百僚有司ノ励精朕カ一億衆庶ノ奉公各々最善ヲ尽セルニ拘ラス戦局必スシモ好転セス世界ノ大勢亦我ニ利アラス加之《しかのみならず》敵ハ新ニ残虐ナル爆弾ヲ使用シテ頻《しきり》ニ無辜《むこ》ヲ殺傷シ惨害ノ及フ所真ニ測ルヘカラサルニ至ル而《しか》モ尚交戦ヲ継続セムカ終《つい》ニ我カ民族ノ滅亡ヲ招来スルノミナラス延テ人類ノ文明ヲモ破却スヘシ斯ノ如クムハ朕何ヲ以テカ億兆ノ赤子《せきし》ヲ保シ皇祖皇宗ノ神霊ニ謝セムヤ是《こ》レ朕カ帝国政府ヲシテ共同宣言ニ応セシムルニ至レル所以ナリ

朕ハ帝国ト共ニ終始東亜ノ解放ニ協力セル諸盟邦ニ対シ遺憾ノ意ヲ表セサルヲ得ス帝国臣民ニシテ戦陣ニ死シ職域ニ殉シ非命ニ斃《たお》レタル者及其ノ遺族ニ想ヲ致セハ五内《ごだい》為ニ裂ク且《かつ》戦傷ヲ負ヒ災禍ヲ蒙リ家業ヲ失ヒタル者ノ厚生ニ至リテハ朕ノ深ク軫念《しんねん》スル所ナリ惟《おも》フニ今後帝国ノ受クヘキ苦難ハ固ヨリ尋常ニアラス爾臣民ノ衷情モ朕善ク之ヲ知ル然レトモ朕ハ時運ノ趨《おもむ》ク所堪ヘ難キヲ堪ヘ忍ヒ難キヲ忍ヒ以テ万世ノ為ニ太平ヲ開カムト欲ス

朕ハ茲ニ国体ヲ護持シ得テ忠良ナル爾臣民ノ赤誠ニ信倚《しんい》シ常ニ爾臣民ト共ニ在リ若シ夫レ情ノ激スル所濫《みだり》ニ事端ヲ滋《しげ》クシ或ハ同胞排擠《はいせい》互ニ時局ヲ乱リ為ニ大道ヲ誤リ信義ヲ世界ニ失フカ如キハ朕最モ之ヲ戒ム宜《よろ》シク挙国一家子孫相伝ヘ確ク神州ノ不滅ヲ信シ任重クシテ道遠キヲ念ヒ総力ヲ将来ノ建設ニ傾ケ道義ヲ篤クシ志操ヲ鞏《かた》クシ誓テ国体ノ精華ヲ発揚シ世界ノ進運ニ後レサラムコトヲ期スヘシ爾臣民其レ克《よ》ク朕カ意ヲ体セヨ

＊2　一九四五年（昭和二〇）八月一四日の「詔書」は、「終戦の詔勅」「終戦の詔書」などと呼ばれるが、『官報号外』では正式には単に「詔書」である。ここでは、事実に即してポツダム宣言受諾「詔書」とする。

御名御璽
　　昭和二十年八月十四日
（鈴木貫太郎総理大臣以下閣僚合計一六人副署、人名省略－引用者）
［『官報号外』一九四五年（昭和二〇）八月一四日］［ルビ－引用者］

まずは、この「詔書」という文書の形態についてである。「詔書」とは、一九〇七年（明治四〇）一月三一日公布・施行の公式令第一条「皇室ノ大事ヲ宣誥《せんこう》シ及大権ノ施行ニ関スル勅旨ヲ宣誥スルハ別段ノ形式ニ依ルモノヲ除クノ外詔書ヲ以テス」［『法令全書』明治四十年「勅令」］が規定する、天皇大権の行使を「臣民」に示す文書のことである。ポツダム宣言受諾、戦争終結の国民への通知は、公式令が規定する天皇大権の通知方法にのっとり実行に移された。

そのうえで留意すべきは、この「詔書」は、全五段落、その段落のはじめがすべて「朕」昭和天皇を主語としてはじまることである。天皇大権の行使であるので、当然ではあるが、主体は昭和天皇である。

しかし、そこには巧妙な言い逃れが含まれる。

「朕深ク世界ノ大勢ト帝国ノ現状トニ鑑ミ……」からはじまる第一段落は、「詔書」の起筆である。戦争終結（「時局」の「収拾」）を考え国民に発表するという。その発表形式は、「忠良ナル爾臣民ニ告ク」である。それは、大日本帝国憲法が、統治権者を天皇とし、国民は国民ではなくその天皇の「臣民」と規定するからである。

「朕ハ帝国政府ヲシテ……」からはじまる第二段落は、あらかじめ結論をいう。ポツダム宣言受諾「米英支蘇四国ニ対シ其ノ共同宣言ヲ受諾スル旨通告セシメタリ」である。

この第一段落と第二段落までが、ポツダム宣言受諾の国民への情報開示である。

第三段落はその理由説明である。アジア太平洋戦争（「米英二国ニ宣戦セル所以」）は自衛とアジア太平洋地域の平和維持・安定のためであり（「帝国ノ自存ト東亜ノ安定トヲ庶幾スルニ出テ」）、主権を侵害する侵略ではない（「他国ノ主権ヲ排シ領土ヲ侵スカ如キハ固ヨリ朕カ志ニアラス」）。この戦争は順調でなく、それに加えて、アメリカが原子爆弾を使用したため（「敵ハ新ニ残虐ナル爆弾ヲ使用シテ頻ニ無辜ヲ殺傷シ」）、日本民族のみならず世界文明の破壊をも予測される（「我カ民族ノ滅亡ヲ招来スルノミナラス延テ人類ノ文明ヲモ破却スヘシ」）。そのようなことになれば、天照大神以来の歴代天皇・先祖神（「皇祖皇宗」）に謝るべき術さえもない。これが、ポツダム宣言受諾を決定した理由である（「朕カ帝国政府ヲシテ共同宣言ニ応セシムルニ至レル所以ナリ」）。

この第三段落は三点の言い逃れによって構成されるといってよいだろう。

第一点は自衛戦争という言い逃れ。侵略またそのための挑発を行なう国家が、自衛と平和をかかげるのは、常套手段といってよいだろう。

第二点は原子爆弾に責任を負わせる言い逃れ。原子爆弾はポツダム宣言受諾の要因ではある。しかし、このポツダム宣言受諾「詔書」は、国家意思の決定者には責任がないかのように、原子爆弾に責任転嫁する。すでにみたように、八月一〇日ポツダム宣言受諾決定を境として、原子爆弾の情報開示が徐々に「新型爆弾」から「原子爆弾」になったように、この「詔書」も原子爆弾を前面に出す。それのみならず、この原子爆弾についての部分は、最初、迫水内閣書記官長作成の原案では、「敵ハ新ニ残虐ナル爆弾ヲ使用シ」であったが、閣議の最終段階で、「敵ハ新ニ残虐ナル爆弾ヲ使用シテ頻ニ無辜ヲ殺傷シ」とされ〔徳川義寛 一九九九：二六八頁〕、原子爆弾をさらに強調するセンテンスへと修正されている。

第三点は歴代天皇・先祖神への謝罪による言い逃れ。そこには戦争犠牲者への謝罪はない。七月二五日・七月三一日、昭和天皇が「本土決戦」を意識しみずからとともに「三種の神器」を松代大本営へと集中させようとしたことと同じである。ポツダム宣言受諾「詔書」の基本は天皇王朝の継続にある。

「朕ハ帝国ト共ニ……」ではじまる第四段落は、第三段落での自己責任への言い逃れのうえで、「大東亜共栄圏」に「協力」したアジアの人たち、また、戦争の犠牲となった国民への配慮を示す。しかし、第四段落の最後は、この「詔書」でもっともよく知られたフレーズ「堪ヘ難キヲ堪ヘ忍ヒ難キヲ忍ヒ」となる。これに続くのは、「以テ万世ノ為ニ太平ヲ開カムト欲ス」である。この第四段落の最後をふつうに読むと、堪え難きを堪え忍び難きを忍んで実践する行為が平和を切り拓くこととなる。逆説的にいえば、未来に向けて平和を希望することは、過去に戦争という反平和的行為を行なったことを認めていることになる。しかし、第三段落と同じく、その責任には言及しない。

「朕ハ茲ニ国体ヲ護持シ得テ……」ではじまる第五段落は、「国体護持」、天皇の統治権を確認するとともに、「爾臣民ト共ニ在リ」という。天皇と国民との一体性の強調である。ポツダム宣言受諾とはいえ、天皇の統治権は不変であり継続することを、国民に向けて再確認している。これによって、このポツダム宣言受諾「詔書」は終わる。
なお、この第五段落の冒頭はじまりの「朕ハ茲ニ国体ヲ護持シ得テ…」の部分は、原案から確定文を決定する最終段階で、阿南陸軍大臣の意見により挿入されたという〔迫水 一九六四：三〇一頁〕。しかし、すでにみたように、連合国からの回答では天皇の統治権についてはあいまいであった。ポツダム宣言受諾「詔書」での「国体護持」明文化は、ポツダム宣言受諾とは矛盾している。

八月一四日午後一一時、『官報号外』「内閣告諭号外」「新爆弾ノ用ヒラルルニ至リ」「国体ノ護持ニアリ」

鈴木内閣は、このポツダム宣言受諾「詔書」と同時に「内閣告諭号外」を発表する。[*3] その文案決定もポツダム宣言受諾「詔書」を最終確定したのと同じ閣議においてであった〔下村 一九四八：一六一頁〕。鈴木総理大臣名によるこの「内閣告諭号外」は、ポツダム宣言受諾「詔書」の解説文であるかのようである。
全六段落によるこの「内閣告諭号外」も、『官報号外』による正式な公布文により確認してみよう。

＊3　この鈴木貫太郎総理大臣名による「内閣告諭号外」は、一般的には「内閣告諭」といわれてきたが、『官報号外』では「内閣告諭号外」と明記される。ここでは、この『官報号外』の正式な表記により「内閣告諭号外」と表記する。

内閣告諭号外

本日畏《かしこ》クモ大詔ヲ拝ス帝国ハ大東亜戦争ニ従フコト実ニ四年ニ近ク而モ遂ニ　聖慮ヲ以テ非常ノ措置ニ依リ其ノ局ヲ結ブノ他途《みち》ナキニ至ル臣子トシテ恐懼謂フベキ所ヲ知ラザルナリ

顧ルニ開戦以降遠ク骨ヲ異域ニ暴《さら》セルノ将兵其ノ数ヲ知ラズ本土ノ被害無辜《むこ》ノ犠牲亦茲ニ極マル思フテ此ニ至レバ痛憤限リナシ然ルニ戦争ノ目的ヲ実現スルニ由ナク戦勢亦必ズシモ利アラズ遂ニ科学史上未曾有ノ破壊力ヲ有スル新爆弾ノ用ヒラルルニ至リテ戦争ノ仕法ヲ一変セシメ次イデ「ソ」聯邦ハ去ル九日帝国ニ宣戦ヲ布告シ帝国ハ正ニ未曾有ノ難関ニ逢着《ほうちゃく》シタリ　聖徳ノ宏大無辺ナル世界ノ和平ト臣民ノ康寧トヲ冀《ねが》ハセ給ヒ茲ニ畏クモ大詔ヲ渙発セラル　聖断既ニ下ル赤子《せきし》ノ率由スベキ方途ハ自《おのずか》ラ明カナリ

固ヨリ帝国ノ前途ハ之ニ依リ一層ノ困難ヲ加ヘ更ニ国民ノ忍苦ヲ求ムルニ至ルベシ然レドモ帝国ハ此ノ忍苦ノ結実ニ依リテ国家ノ運命ヲ将来ニ開拓セザルベカラズ本大臣ハ茲ニ万斛《ばんこく》ノ涙ヲ呑ミ敢テ此ノ難キヲ同胞ニ求メムト欲ス

今ヤ齊シク嚮《むか》フベキ所ハ国体ノ護持ニアリ而シテ苟《いやしく》モ既往ニ拘泥シテ同胞相猜《せい》シ内争以テ他ノ乗ズル所トナリ或ハ情ニ激シテ軽挙妄動シ信義ヲ世界ニ失フガ如キコトアルベカラズ又特ニ戦死者戦災者ノ遺族及傷痍軍人ノ援護ニ付テハ国民悉ク力ヲ効《いた》スベシ

政府ハ国民ト共ニ承詔必謹刻苦奮励常ニ大《おお》御心《みごころ》ニ帰一シ奉リ必ズ国威ヲ恢弘シ父祖ノ遺託ニ応《こた》ヘムコトヲ期ス

尚此ノ際特ニ一言スベキハ此ノ難局ニ処スベキ官吏ノ任務ナリ畏クモ至尊ハ爾臣民ノ衷情ハ朕善ク之ヲ知ルト宣ハセ給フ官吏ハ宜シク　陛下ノ有司トシテ此ノ御仁慈ノ　聖旨ヲ奉行シ以テ堅確ナル復興精神喚起ノ先達トナラムコトヲ期スベシ

昭和二十年八月十四日

内閣総理大臣 男爵 鈴木貫太郎

〔『官報号外』一九四五年（昭和二〇）八月一四日〕〔闕字－原文〕〔ルビ－引用者〕

「本日畏クモ大詔ヲ拝ス……」ではじまる第一段落は、「臣子トシテ恐懼謂フベキ所ヲ知ラザルナリ……」で終わる。ポツダム宣言受諾「詔書」を承けつつ、それは国民（「臣子」）として「恐懼」であるいう。昭和天皇への敬意からはじまる。

「顧ルニ開戦以降……」ではじまる第二段落は、ポツダム宣言受諾「詔書」の第三段落に対応し、その理由説明である。ここでも原子爆弾（「科学史上未曾有ノ破壊力ヲ有スル新爆弾」）へ責任転嫁する。また、ここではポツダム宣言受諾「詔書」にはなかったソ連の対日参戦（「「ソ」聯邦ハ去ル九日帝国ニ宣戦ヲ布告シ」）もとりあげる。ここでソ連の対日参戦を「九日」とするのは、すでにみたように、日本政府がそれを傍受したのが八月九日であったからであろう。

「固ヨリ帝国ノ前途ハ……」ではじまる第三段落、「今ヤ齊シク嚮フベキ所ハ国体ノ護持ニアリ……」ではじまる第四段落は、国民の苦しみに配慮する。しかし、ここでも強調するのは、第四段落最初の「国体護持」であった。さらに、「政府ハ国民ト共ニ……」ではじまる第五段落は敗戦後の国家復興は「大御心ニ帰一」、昭和天皇に収斂することを確認、「尚此ノ際特ニ一言スベキハ……」ではじまる第六段落は、公務員（「官吏」）に向けて、「陛下ノ有司」としてその指導者になるよう説く。

この「内閣告諭号外」は、ポツダム宣言受諾「詔書」以上に、「国体護持」による昭和天皇の統治権の強調であった。そしてここでも、原子爆弾（およびソ連の参戦）によってやむなくポツダム宣言受諾を決定したかのようなレトリックであった。

## 八月一四日午後一一時、外務省発電ポツダム宣言受諾最終通知主語「天皇陛下」（His Majesty the Emperor）

八月一四日午後一一時、国民向けポツダム宣言受諾「詔書」および「内閣告諭号外」が確定した。それとともに実行されたことが二つあった。ひとつは、外務省が連合国へポツダム宣言受諾の最終通知をすること、もうひとつは、「玉音」放送のために、昭和天皇がポツダム宣言受諾「詔書」を朗読しレコード盤に録音することである。

連合国へのポツダム宣言受諾通知は、午後一一時外務省から加瀬スイス公使あて略第☒三五二号・略第◎三五三号・略第△三五四号により発電、スイス政府を通じて連合国へ連絡される。また、岡本スウェーデン公使あて略第一九三号・略第一九四号・略第一九五号により同文を転電している[*4]［外務省編 一九五二b：七一〇、七一三－七一七頁］。

よく知られるが、国民向けのポツダム宣言受諾「詔書」および「内閣告諭号外」と対照するために、全文をみてみよう。まずは日本文である。

◇略第△三五四号（緊急）

「ポツダム」宣言ノ条項受諾ノ件（別電）

（別紙ノ通リ）

米、英、蘇、支四国ニ対スル八月十四日附帝国政府通告

「ポツダム」宣言ノ条項受諾ニ関スル八月十日附帝国政府ノ申入並ヒニ八月十一日附「バーンズ」米国国務長官発米英ソ支四国政府ノ回答ニ関連シ、帝国政府ハ右四国政府ニ対シ左ノ通リ通報スルノ光栄ヲ有ス

一、天皇陛下ニオカセラレテハ「ポツダム」宣言ノ条項受諾ニ関スル詔書ヲ発布セラレタリ

二、天皇陛下ニオカセラレテハソノ政府及ヒ大本営ニ対シ「ポツダム」宣言ノ諸規定ヲ実施スル為必要トセラルヘキ条項ニ署名スルノ権限ヲ与ヘ且ツ之ヲ保障セラルルノ用意アリ又陛下ニオカセラレテハ一切ノ日本国陸、海、空軍官憲及右官憲ノ指揮下ニ在ル一切ノ軍隊ニ対シ戦闘行為ヲ終止シ武器ヲ引渡シ前記条項実施ノ為連合国最高司令官ノ要求スルコトアルヘキ命令ヲ発スルコ

＊4　外務省から連合国への正式な通知の前に、同盟がその海外向け放送により、八月一四日午後から、ポツダム宣言受諾の最終通知についてくりかえし放送している。そのもっとも早いものは、八月一四日午後二時一一分、ポツダム宣言受諾の「詔書」がまもなく出されるであろうという内容の放送であった［北山一九九六：一八三－一八五頁］。

トヲ命セラルルノ用意アリ

次は英文である。

Communication of the Japanese Government of August 14th 1945 addressed to the Governments of the United States, Great Britain, the Soviet Union and China.

With reference to the Japanese Government's Note of August 10 regarding their acceptance of the provisions of the Potsdam Declaration and the reply of the Government of the United States, Great Britain, Soviet Union and China sent by American Secretary of State Byrnes under the date of August 11, the Japanese Government have the honor to communicate to the Governments of the four Powers as follows:

1. His Majesty the Emperor has issued an Imperial Rescript regarding Japan's acceptance of the provisions of the Potsdam Declaration.

2. His Majesty the Emperor is prepared to authorize and ensure the signature by His Government and the Imperial General Headquarters of the necessary terms for carrying out the provisions of the Potsdam Declaration. His Majesty is also prepared to issue his commands to all the military, naval, and air authorities of Japan and all the forces under their control wherever located to cease active operations, to surrender arms, and to issue such other orders as may be required by the Supreme Commander for the Allied Forces for the execution of the above-mentioned terms.

〔外務省編 一九五二b：七一五–七一六頁〕〔外務省編 一九六六：六三六頁〕

これが、連合国向けのポツダム宣言受諾の最終通知である。

ポツダム宣言受諾を意思表示する全二項の主語は、いずれも「天皇陛下」(His Majesty the Emperor)である。すでにみた、八月一〇日の最初のポツダム宣言受諾通知では、その主語は「帝国政府」(The Japanese Government)であった。しかし、この八月一四日のポツダム宣言受諾の最終通知は、その主語を大日本帝国憲法が規定する統治権者の昭和天皇とする。

そのうえで、全二項のうち、第一項では「天皇陛下」(His Majesty the Emperor)がすでに国民向けのポツダム宣言受諾「詔書」を公布、第二項では「天皇陛下」(His Majesty the Emperor)が政府と大本営へ降伏文書調印と武装解除の権限を委譲するという。特に、第一項では、ポツダム宣言受諾「詔書」公布の表現を過去完了形、「「ポツダム」宣言ノ条項受諾ニ関スル詔書ヲ発布セラレタリ」(has issued an Imperial Rescript regarding Japan's acceptance of the provisions of the Potsdam Declaration)とし、統治権者としての昭和天皇が国民に対してすでにその絶対的権限を行使したという。

大日本帝国憲法はその第一三条で「天皇ハ戦ヲ宣シ和ヲ講シ及諸般ノ条約ヲ締結ス」〔伊藤博文 一八八九：二五頁〕とし、宣戦布告と講和・条約締結を天皇大権に属させている。「大日本帝国憲法義解」は、それについて、「外国ト交戦ヲ宣告シ和親ヲ講盟シ及条約ヲ締結スルノ事ハ総テ至尊ノ大権ニ属シ議会ノ参賛ヲ仮ラス」〔伊藤博文 一八八九：二五頁〕という。大日本帝国憲法の規定では、交戦国との戦争終結は、天皇のみが持つ権限であった。

ポツダム宣言受諾通知の主語が「天皇陛下」(His Majesty the Emperor)であるのは、この大日本帝国憲法の規定による。しかし、あえて問えば、八月一〇日最初のポツダム宣言受諾通知の主語が「帝国政府」(The Japanese Government)であるのに対して、八月一四日ポツダム宣言受諾の最終通知の主語が「天皇陛下」(His Majesty the Emperor)であるのは、なぜであろうか。

次の理由を仮定しておきたい。

それは、八月一〇日最初のポツダム宣言受諾通知は連合国への昭和天皇の統治権の照会でもあったために、「帝国政府」(The Japanese Government)がそれを確認する形式を採り、主語を「帝国政府」(The Japanese Government)としたのではないか。それに対して、八月一四日ポツダム宣言受諾の最終通知は天皇大権の行使であり、「帝国政府」(The Japanese Government)の上位に位置する統治権者の「天皇陛下」(His Majesty the Emperor)を主語としたのではないかということである。

さらにいえば、次のように仮定することもできる。

それは、八月一四日ポツダム宣言受諾の最終通知の主語を「天皇陛下」(His Majesty the Emperor)とすることにより、連合国に対して、日本の統治権者が天皇であることを印象づけようとしているのではないかということである。二度にわたったポツダム宣言受諾通知を作成したのは外務省である。すでにみたように、その外務省のトップ、東郷外務大臣は、八月一〇日ポツダム宣言受諾を決定する最高戦争指導会議「御前」会議でその原案説明に際して、「但し皇室は絶対問題也——将来の民族発展の基礎なれば也」「即ち要望は此の事に集中するの要あり」と述べた。戦争終結派の外務省においても、最大の課題は天皇の統治権の継続、「国体護持」であった。ポツダム宣言受諾の最終通知の主語を「天皇陛下」(His Majesty the Emperor)とすることにより、戦争終結後の「国体護持」およびその存在の重要性を伝えようとしてはいないだろうか。

このように、八月一四日連合国向けのポツダム宣言受諾の最終通知、全二項の主語は「天皇陛下」(His Majesty the Emperor)であった。国民向けの八月一四日ポツダム宣言受諾「詔書」もその全五段落の主語も「朕」であった。両者ともが昭和天皇を主語としポツダム宣言受諾を伝えている。

しかし、あらためて確認すると、連合国向けと国民向けとでは、それに付加した情報には異なる点があった。

そのひとつは、国民向けのポツダム宣言受諾「詔書」には「国体護持」があるが、連合国向けのポツダム宣言受諾通知にはそれがないことである。国民向けの「内閣告諭号外」も「国体護持」を強調する。連合国は昭和天皇の統治権をあいまいなままに残しているにもかかわらず、国民向けのポツダム宣言受諾「詔書」および「内閣告諭号外」では、「国体護持」が保障されているかのような情報伝達であった。

もうひとつは、国民向けのポツダム宣言受諾「詔書」および「内閣告諭号外」には原子爆弾があるが、連合国向けのポツダム宣言受諾通知にはそれがないことである。ポツダム宣言受諾「詔書」では「敵ハ新ニ残虐ナル爆弾ヲ使用シテ頻ニ無辜ヲ殺傷シ惨害ノ及フ所真ニ測ルヘカラサルニ至ル」、「内閣告諭号外」では「科学史上未曾有ノ破壊力ヲ有スル新爆弾ノ用ヒラルルニ至リテ戦争ノ仕法ヲ一変セシメ」である。「残虐」な原子爆弾によって戦争終結をやむなくされたかのようなレトリックであった。

戦争終結にあたり、連合国向けでは、ポツダム宣言をそのままに受諾し、武装解除と戦争終結文書調印を約束する。それに対して、国民向けでは、「国体護持」を強調し、戦争終結を原子爆弾へと責任転嫁する。連合国向けと国民向けとでは、戦争の終わらせ方を、異なる内容の情報として発信している。ポツダム宣言受諾という事実は、昭和天皇を主語とするその情報伝達のなかで、二重規範によって構成されていた。

# 第9章　ラジオと新聞が誘導する「国体護持」

## 八月一五日午前四時二〇分頃、木戸内大臣「事件の進行をひそかに観察す」

「玉音」放送のための昭和天皇によるレコード盤への録音は、午後一一時二五分ごろから宮内省で、下村国務大臣兼情報局総裁・石渡宮内大臣・藤田侍従長などの立ち合いにより、日本放送協会の録音班により行なわれた。録音終了は日付が代わり八月一五日〇時五分であった。正・副、二枚のレコード盤が作られた[*1]〔外務省編 一九五二b：七一〇頁〕〔下村 一九五〇：一四〇―一四二頁〕〔藤田 一九六一：一四二―一四五頁〕〔徳川義寛 一九九九：二六九頁〕。「玉音」放送の実務を担当する日本放送協会は、それが八月一五日正午のため、レコード盤二枚を宮内省に保管するよう依頼、宮内省では徳川義寛侍従が事務官室の軽金庫におさめ周囲に書類を積み隠匿する〔日本放送協会編 一九七七a：一九一―一九二頁〕〔徳川義寛 一九九九：二七〇頁〕。

陸軍軍人の一部が、八月一四日夜から八月一五日午前中にかけて、ポツダム宣言受諾阻止クーデ

＊1　このレコード盤への録音時間（八月一四日午後一一時二五分から八月一五日〇時五分まで）は徳川義寛侍従による〔徳川義寛 一九九九：二六九頁〕。徳川義寛侍従は録音室の外で待機していた。

ター未遂事件（八・一五事件）を起こす。彼らは八月一四日午後一一時森赳《たけし》（一八九四―一九四五）近衛師団長に面会、協力を求めるが拒否されたため殺害、近衛師団長によるとする偽指令により宮内省、日本放送協会の放送会館などへ侵入する〔外務省編 一九五二b：七二八頁〕。宮内省へ侵入した陸軍軍人は、下村国務大臣兼情報局総裁をはじめ日本放送協会の録音班を二重橋畔の衛兵詰所へ軟禁、レコード盤二枚を捜索する。しかし、見つけることはできなかった。彼らが、下村国務大臣兼情報局総裁たちの軟禁、放送会館の占拠を解いたのは、午前七時ごろであった〔下村 一九四八：一六三―一六六頁〕〔日本放送協会編 一九七七a：一九二頁〕。すでにみた、八月一五日午前七時二一分ニュースでの「玉音」放送事前通知が、「午前七時二一分」という変則的な時刻であるのは、陸軍軍人による放送会館占拠があり、それにより放送が遅れたためである。

木戸内大臣・石渡宮内大臣たちも、この陸軍軍人の宮内省侵入により、宮内省内で軟禁状態に置かれた。木戸は、最初侍医宿直室に逃れ、陸軍軍人による奪取を避けるため機密書類を破棄、さらに、徳川義寛侍従に案内され地下金庫室に隠れる〔徳川義寛 一九九九：二七一頁〕。

四時二十分頃、石渡宮相と共に金庫室に入りて事件の進行をひそかに観察す。八時頃、三井侍従来り解決せりとのこと故、直に御文庫に至り、八時二十分より同二十五分迄、宮相と共に拝謁、天機を奉伺す。

〔木戸 一九六六：一二二六頁〕

木戸内大臣・石渡宮内大臣は午前八時ごろ安全を確認、すぐに「御文庫」で昭和天皇と面会している〔徳川義寛 一九九九：二六五頁〕。

## 八月一五日午前一一時、「玉音」放送と同時進行の枢密院会議

大日本帝国の統治権者昭和天皇がポツダム宣言受諾の最終決定を行なった八月一四日の「御前」会議は、最高戦争指導会議＋閣議合同であった。大元帥としての天皇に直結する統帥（最高戦争指導会議の陸軍参謀総長・海軍軍令部総長）、天皇の「輔弼」機関としての内閣（閣議）は、それを承認した。しかし、この「御前」会議では、大日本帝国憲法第五六条で「枢密顧問ハ枢密院官制ノ定ムル所ニ依リ天皇ノ諮詢ニ応ヘ重要ノ国務ヲ審議ス」とされ、「国際条約ノ締結」（枢密院官制第六条）について天皇に「上奏」する権限を持つ枢密院からの参加は、平沼枢密院議長のみであり、枢密院会議はポツダム宣言受諾について未審議であった。この大日本帝国憲法・枢密院官制に基づいてのことであろう、八月一五日午前一一時から午後一時半まで、昭和天皇出席のもと枢密院会議が開かれる（午前一一時五〇分から一二時一〇分まで昭和天皇退席のため中断。出席者は「玉音」放送を聴く）。内閣から鈴木総理大臣・東郷外務大臣、枢密院から平沼枢密院議長・清水澄《とおる》（一八六八－一九四七）枢密院副議長ほか一二人が出席する〔深井 一九五三：四二八頁〕。

最初、平沼枢密院議長が、ポツダム宣言受諾およびその連合国への通知を報告する。ポツダム宣言受諾は「重要ノ国務」「国際条約ノ締結」であるが、緊急であったため、それを枢密院会議で「諮詢」することができず、事後報告になったという。

是れは予《あらか》じめ枢密顧問に諮詢すべき事項なるも、急を要するを以て、枢密院議長をして議に参せしむるに止めたり。

[深井 一九五三：四二八頁]

続いて、鈴木総理大臣の指示により、東郷外務大臣がポツダム宣言受諾に至る経過を説明する。その前半では、ソ連を仲介とする交渉の不調、六月二二日昭和天皇による最高戦争指導会議構成員六人への戦争終結の指示を強調、その後半では、八月一〇日連合国へのポツダム宣言受諾通知とその返答への対応、八月一四日最終決定までの経過を述べる。東郷外務大臣はポツダム宣言受諾を決定した理由を次のように説明する。

八月六日に至り広島に対する原子爆弾攻撃を行ふと共に米英は原子爆弾に関し非常なる宣伝を始め、原子爆弾に依り戦争の様相一変したるのみならず、社会の一大変革を齎《もた》らしたる旨を放送する一方、米国側は日本に対する原子爆弾の使用は日本の無条件降伏拒絶に対する回答なりとの趣旨を放送すると共に更に日本が三国共同宣言を受諾せざる場合には原子爆弾を連続使用し之を滅却すべしと宣伝したのであります。

[外務省編 一九五二b：七五九頁]

原子爆弾を日本の完全破壊（「滅却すべし」）の予告とし、ポツダム宣言受諾（「三国共同宣言」）がやむを得ない措置であるかのようにいう。しかし、ここでも戦争による国民の犠牲、昭和天皇また統帥・内閣の責任について触れることはなかった。

枢密院会議でも、ポツダム宣言受諾は、ポツダム宣言受諾「詔書」と「内閣告諭号外」と同じく原子爆弾に責任転嫁されている。

さらに、東郷外務大臣は、ポツダム宣言受諾過程でもっとも問題となった「国体護持」を次のように説明する。天皇の統治権を確認しようとした八月一〇日の最初のポツダム宣言受諾通知に対しての連合国側からの返答で、問題とされた第一項と第四項についての解釈である。


回答は全体として決して満足のものとはいひ得ないのでありますが、我方より天皇の統治権に言及せるに対し第一項は占領実施中は統治権が絶対無制限に行はるる次第ではなく三国共同宣言の降伏条件実施の為には、先方最高司令官の権限は上に在ることを指摘して来たのであります。即ち保障占領の下に在つては降伏条件の実施の枠内に付ては統治権に制限がありますが、原則的には天皇の地位厳存するのであります。(中略)問題は第四項に関するものであります。即ち日本国の政府の確定的形態はポツダム宣言に遵《したが》ひ日本国国民の自由に表明する意思に依り決定せらるべしとなす点であります。(中略)然し乍ら之は直ちに日本国の国体は人民投票等に依つて決すべきなりとの趣旨に解すべきではなく、日本の国体は日本人自身が決定すべき問題であつて外部より之に干渉すべきものに非ずといふ意味に解するのが素直な見方といふべきであります。又万々一之を先方に於て人民投票等の方法に依り決定すべきものとする意図ありとしても、日本人の忠誠心は若干心得違ひの者は外とし大多数は現在の国体を変更する考へを有するものとは信ぜられな

いのであります。〔外務省編 一九五二b：七六一頁〕

第一項、連合国占領中の天皇の統治権については、それに制限はあるがその地位は継続する、第四項、国民の「人民投票」による天皇の統治権については、連合国はそれに干渉しない、という解釈であった。ポツダム宣言受諾といえども、「国体護持」、天皇の統治権に変更はされないという。これもポツダム宣言受諾「詔書」と「内閣告諭号外」と同じである。

しかし、現在、わたしたちは、天皇を「象徴」とする日本国憲法制定が「国体護持」ではないことを知っている。この東郷外務大臣の説明は、「国体護持」を決めつけるセルフ・ジャッジにすぎなかった。

もっとも、ポツダム宣言受諾が「国体護持」を可能とするか否か、枢密顧問官からの質問があった。検事総長・大審院長などを歴任した林頼三郎《らいざぶろう》（一八七八―一九五八）、関東軍司令官・侍従武官長などを歴任した本庄繁（一八七六―一九四五）陸軍大将が、「人民投票等」による「国体護持」の決定には不安が残ると指摘する〔東郷 一九五二：三五八頁〕〔深井 一九五三：四三一頁〕。また、立憲政友会衆議院議員として文部大臣・大蔵大臣などを歴任した三土《みつち》忠造（一八七一―一九四八）も、「国体に就ては先方宣言に何等の言及なかりしと記憶す」と述べ、ポツダム宣言受諾は「国体護持」を保障しないのではないかという〔深井 一九五三：四三二頁〕。枢密顧問官のうち林・本庄・三土は、「国体護持」が希望的観測にすぎず、ポツダム宣言受諾はそれがあいまいであることを理解していたのではないかと思われる。

枢密顧問官からの発言者の最後は、日本銀行総裁をつとめた深井英五《えいご》（一八七一－一九四五）であった。東郷外務大臣の説明を支持しつつ、最後を次のように結ぶ。

今は戦局我れに不利なるを認め、此上戦争を継続して更らに事態を悪化すると、今に於て先方の宣言を受諾すると、二途の得失を比較して決定するの外なし。而して今後の推移に就ては、出来るだけ有利に導くべく努力すべきのみ。御聖断は申すも畏きことながら、之に関与せらるゝ総理大臣、外務大臣等の御勇断を喜ぶ。〔深井 一九五三：四三二頁〕

深井は「御聖断は申すも畏きことながら」といい、出席する鈴木総理大臣・東郷外務大臣に謝辞を述べている。深井の発言は出席者に感銘を与えたという〔東郷 一九五二：三五八頁〕。平沼枢密院議長の閉会の辞は午後一時半であった。

枢密院会議は天皇の「諮詢」機関であり決定機関ではないこともあろう、事後承諾ながらポツダム宣言受諾およびその決定までの経過を承認している。「玉音」放送と同時刻、昭和天皇出席により開催された枢密院会議であった。大日本帝国は、大日本帝国憲法に規定された立憲君主制の統治システムに基づき、ポツダム宣言受諾を確認、その理由を原子爆弾へ責任転嫁、いっぽうでの「国体護持」の希求、これらの最終確認を行なった。

## 八月一五日正午、下村宏国務大臣兼情報局総裁「これよりつつしみて玉音をお送り申します」

枢密院会議と同時刻、午前一一時放送会館二階の第八演奏室（スタジオ）に宮内省・情報局・日本放送協会・東部軍管区幹部が集合する。警視庁の車により宮内省職員が「玉音」放送の録音盤を搬入する。一枚をこの第八演奏室に、もう一枚を地下の予備スタジオに運ぶ。日本放送協会は、放送を国内各地のみならず、朝鮮・中国・満州・台湾・太平洋上の島嶼にまで通信させるために、当時、昼間の通常放送出力は一〇キロワットであったが、六倍の六〇キロワットにまで増力した〔日本放送協会編 一九七七ａ：一九三頁〕。

「玉音」放送の担当は花形アナウンサーの和田信賢《のぶかた》（一九一二―五二）であった。和田は一九三九年（昭和一四）一月一五日六九連勝の横綱双葉山（一九一二―六八）敗北を実況中継したアナウンサーであり、下村国務大臣兼情報局総裁の信頼が厚かった〔山川 二〇〇三：二一一六、一六二頁〕。和田は八月九日から放送会館に泊まり込んでいた。陸軍軍人の放送会館侵入からの解放後、疲労によるものであろう、仮睡、午前一一時第八演奏室に集合する。しかし、和田アナウンサーだけは、ポツダム宣言受諾「詔書」朗読のため、別室でその下読みをする〔和田 一九四六：二二四頁〕。

正午の時報とともに「玉音」放送がはじまる。それは次のようにすすめられた。

和田　只今より重大なる放送があります。全国聴取者の皆様御起立を願ひます。

和田　『重大発表であります』
下村　天皇陛下におかせられましては全国民に対し　畏《かしこ》くも御自ら大詔を宣《の》らせ給ふ事になりました。これよりつつしみて玉音をお送り申します。
〔日本放送協会編　一九七七b：三〇六頁〕〔闕字－原文〕

これが「玉音」放送の前置きである。和田アナウンサーが進行役をつとめ、下村国務大臣兼情報局総裁が、この放送が「詔書」（「大詔」）の「玉音」放送であることを、「玉音」というその言葉により説明している。

続いて「君が代」、そして、この放送の中心部分、レコード盤に録音した昭和天皇のポツダム宣言受諾「詔書」の放送を放送、再び、「君が代」であった。

締めくくりは、下村国務大臣兼情報局総裁である。

謹みて天皇陛下の玉音の放送を終ります。
〔日本放送協会編 一九七七b：三〇六頁〕

ここでも「天皇陛下」の「玉音」の「放送」という。事前通知にはじまり、ここでの下村国務大臣兼情報局総裁の「玉音」の発言、これらによって、「玉音」放送という言葉が定着したと考えておきたい。

正確にいえば、「玉音」放送は、これで終了したわけではない。そのあとを、進行役の和田アナウンサーがつとめる［和田 一九四六：二二四－二二六頁］。それは、ポツダム宣言受諾「詔書」と「内閣告諭号外」の朗読、関連する連合国の通告文の説明であった。

○ポツダム宣言受諾の通告
○詔書朗読
○内閣告諭
○御前会議の模様
○ポツダム宣言受諾に関する政府通告文
○日本政府に対する四か国政府通告文
○ポツダム宣言の要旨
○カイロ宣言の成文の内容
○最高戦争指導会議など重要会議の開催経過
○ポツダム宣言受諾について
○政府、国体護持、民族結束を通じて難局打開を訴える
○鈴木総理大臣放送の予告

［日本放送協会編 一九七七b：三〇五頁］

和田アナウンサーが、正午の「玉音」放送をひかえて、ポツダム宣言受諾「詔書」の下読みをしていたというのは、「玉音」放送後の、この朗読があったからである。

八月一五日ラジオ放送は、正午の「玉音」放送のあと、午後三時、午後五時、午後七時、午後九時、四回あった。これら四回の放送のうち、アナウンサーによるポツダム宣言受諾「詔書」の朗読は、午後三時、午後七時、二回行なわれた[*2]〔日本放送協会編 一九七七b：三〇五－三〇六頁〕。八月一五日ラジオ放送により戦争終結を国民へ伝える、昭和天皇のポツダム宣言受諾「詔書」の伝達は、正確にいえば、

（1）正午放送　「玉音」放送
（2）正午放送　アナウンサーの朗読
（3）午後三時放送　アナウンサーの朗読
（4）午後七時放送　アナウンサーの朗読

の四回行なわれた。

これは、ポツダム宣言受諾「詔書」を解説する「内閣告諭号外」についても同様であった。アナウンサーのポツダム宣言受諾「詔書」の朗読は、各回とも「内閣告諭号外」がそれに続いた〔日本放送協会編 一九七七b：三〇五－三〇六頁〕。国民向けのポツダム宣言受諾の発信は、昭和天皇のポツダ

*2　八月一五日のラジオ放送の内容について、日本側の記録と、アメリカの硫黄島での傍受記録とに違いもあるというが〔北山 一九九六：二〇八－二一〇頁〕、「玉音」放送と「詔書」朗読については同じである。

ム宣言受諾「詔書」と「内閣告諭号外」がワンセット、それがくりかえされた。

ポツダム宣言受諾「詔書」の放送は、八月一五日以降も、短波放送によるものであろう、海外向け放送ではくりかされ、また、二十数ヶ国語に翻訳して放送された〔日本放送協会編 一九七七a：一九四頁〕。この情報発信は、戦地にも戦争終結を徹底させるためでもあった。しかし、ポツダム宣言受諾「詔書」が「国体護持」を明確にする以上、それは自動的に、戦争終結が体制転換ではないこと、大日本帝国憲法が規定する国家体制の継続であること、それらを国民に徹底させようとする機能をも持ったということができる。

## 八月一五日、「惨害」「残虐」「民族滅亡」と「聖断」「大御心」「国体護持」の大合唱

すでにみたように、八月一五日の新聞は、朝刊ではなく、正午の「玉音」放送のあと配達・街頭販売された。

この日の新聞紙面はよく知られるが、『朝日新聞』をとってみると、それは一面トップ、三重線枠でかこったポツダム宣言受諾「詔書」を前面に出す。一面最上段を横貫きで「戦争終結の大詔渙発さる」、その下に三重線枠で囲いポツダム宣言受諾「詔書」全文を掲載する。その見出しは、「新爆弾の惨害に大御心　帝国、四国宣言を受諾　畏し、万世の為太平を開く」であった。昭和天皇が原子爆弾（「新爆弾」）の「惨害」を考慮（「大御心」）、ポツダム宣言受諾を決定したと強調する。一面トップ左は「内閣告諭号外」全文である。紙面構成も、ポツダム宣言受諾「詔書」と「内閣告諭号

外」がセットであった。そして、一面右下にポツダム宣言の全文を、その受諾に至る経過とともに紹介する。それは事実に即した内容であるが、見出しは「大権問題を慎重検討　受諾に決するまで外交文書の交換」であり、ここでも昭和天皇の統治権が前面に出る。その左は、ポツダム宣言受諾の過程を解説するが、これも見出しは「国の焦土化忍びず　御前会議に畏き御言葉」「国体護持に邁進　親政厳たり随順し奉る」である。一面は、ポツダム宣言全文を掲載、受諾までの経過を含め、事実を伝えている。必要な情報を国民へ知らせている。しかし、すでに指摘されているように［鹿野一九九八：八八－九三頁］、この紙面構成そのものが昭和天皇を主人公として構成、戦争終結が昭和天皇の「大御心」であるかのような誘導であった。

『毎日新聞』も一面最上段は横抜きで「聖断拝し大東亜戦終結」、一面トップの見出しは「時局収拾に畏き詔書を賜ふ　四国宣言を受諾　万世の太平開かん　新爆弾・惨害測るべからず」、そして、ポツダム宣言受諾「詔書」全文を掲載する。中段中央はその解説とでもいうべき「内閣告諭号外」である。ポツダム宣言全文は一面右下である。ポツダム宣言受諾過程の説明記事が中断中央から左側にかけて続く。見出しを「唯民草を慈み給ふ　聖恩宏大感激の極み」、途中に中見出し「貫き通せ　国体護持」を入れる。ポツダム宣言受諾「詔書」と「内閣告諭号外」の文言が「国体護持」を強調するだけではない。紙面全体を「国体護持」によって構成している。

『読売報知』も同様の紙面構成である。一面最上段を横抜きで「戦争終局へ聖断・大詔渙発す」、その下に二重線枠で囲んだポツダム宣言受諾「詔書」全文を掲載する。その見出しは、「帝国政府四国共同宣言を受諾　万世の為に太平開かむ　畏し　敵の残虐・民族滅亡を御軫念　神州不滅・総力建設御垂示」であった。昭和天皇が「残虐」「民族滅亡」を危惧（「御軫念」）、ポツダム宣言を受諾したとする。その左は「内閣告諭号外」全文であり、見出しは「忍苦以て国体護持　国運を将来に開拓せん」であった。『読売報知』もポツダム宣言受諾「詔書」と「内閣告諭号外」をセットにしての報道である。それが伝えるメッセージも、『朝日新聞』と同じく、原子爆弾による壊滅を苦慮した昭和天皇がやむなくポツダム宣言を受諾したかのように誘導している。

なお、『読売報知』はその題字下に「玉音」放送を過去形の事実として報道する。見出しは「御親ら御放送　けふ正午」、次のようにいう。

> 天皇陛下におかせられては十四日時局収拾に関する詔書を渙発せらるゝと共に十五日正午御親らマイクの前に起たたせたまひ、一億に対して畏くも詔書を御放送遊された、かゝる御事は未だ曾てなき御異例に属し以て民草に寄せらるゝ大御心のほどを拝察、 普大卒士《ふてんそっと》の赤子たゞひれ伏して感泣し奉つた

「玉音」放送を「大御心」のたまものとするだけではない。「玉音」放送を、神聖視するかのようである。

『東京新聞』も同様の紙面構成をとる。一面最上段を横抜きで「戦争終結の聖断・大詔渙発さる」、その下に三重線囲いでポツダム宣言受諾「詔書」全文を掲載する。その見出しは、「万世の為、太平を開かむ　新爆弾の惨、民族・文明の破滅御軫念　帝国、四国宣言を受諾」であった。『東京新

聞』も、原子爆弾（「新爆弾」）の「惨」と「民族・文明の破滅」を危惧、やむなくポツダム宣言を受諾したかのようなレトリックである。そして、その左に「内閣告諭号外」全文を掲載する。『東京新聞』は『読売報知』と同じく、「玉音」放送を過去形の事実として報道する。見出しは「「常に爾臣民と共に在り」畏き極み　陛下御躬ら御放送」、次のようにいう。

聖断遂に下る、畏くも　天皇陛下に於かせられては十五日正午御躬らマイクの前に立たせられ、非常の措置を以て時局を収拾あそばされる旨の大詔を渙発あらせられた、肺腑を衝く国民の感動、これに過ぐるものはなく、親しく玉音に接して一億頭を垂れつゝ大御心のほどを拝し奉つて号泣した、大東亜戦争の現段階における国家と民族興亡の関頭に立ち、国体の護持と民族の名誉保持の最後の一線を守る方途として戦争終結の途を御採□遊ばされたのである（後略）　［闕字－原文］

ポツダム宣言受諾は、昭和天皇が国民を守り「国体」を「護持」するための選択であると強調している。

八月一五日の新聞各紙は、下村国務大臣兼情報局総裁の計画通り、正午の「玉音」放送を前提としての報道であった。「玉音」放送後の配達にしたことにより、新聞各紙は情報の徹底だけではなく、「玉音」放送、ポツダム宣言受諾「詔書」と「内閣告諭号外」の解説としての機能をも持った。そこで強調されたのは、原子爆弾の「惨害」「残虐」「民族滅亡」を防ぐために、昭和天皇の「聖断」「大御心」が働いたということであった。あらためて「国体護持」も確認されている。

最初に「玉音」放送で、さらにポツダム宣言受諾「詔書」朗読をくりかえし、次に新聞各紙によって、国民の意識を昭和天皇へ収斂させる。それが八月一五日、下村国務大臣兼情報局総裁の提案、情報局が国民へ向けて行なった情報操作、洗脳とでもいうべき情報戦略であった。[*3]

正午の「玉音」放送を鎌倉の自宅で聴き、電車で東京に出た高見順は、田村町（東京都港区西新橋）でこんな光景をみる。

田村町で東京新聞を買った。今日は大型である。初めてみる今日の新聞である。

戦争終結の聖断・大詔渙発さる。

新聞売場ではどこもえんえんたる行列だ。その行列自体は何か昂奮を示していたが、昂奮した言動を示すものは一人もない。黙々としている。兵隊や将校も、黙々として新聞を買っている。

〔高見 一九六五：七―八頁〕

鎌倉で正午の「玉音」放送を聴き、そのあと、電車で東京に出てきたわけであるから、時間的には午後三時から四時ごろであろうか。高見は街頭売りでこの日はじめて新聞をみた。国民は黙々と新聞を買い求めていた。

＊3　八月一五日の新聞報道の特徴については、すでに、それが「国体護持」の強調のみならず、天皇への「恭順」を誘導するものであり、戦争責任をあいまいにする性格を持つものであったという指摘がある〔有山a 一九九三：一七一―一九頁〕。

# 第10章　新聞が誘導する昭和天皇への懺悔と「国体護持」

## 八月一五日、架空の物語を創作した新聞①――「二重橋前」の懺悔

八月一五日『東奥日報』『京都新聞』二面にほぼ同文の不思議な記事がある。

『東奥日報』は、二面トップで、見出しを「嗚呼・御許しくださいまし　大和民族断じて尽きず新なる忠誠誓ひ奉らん」とし、次のようにいう。

昭和二十年八月十四日畏き御聖断が下された、暗雲の中にほのかに大内山は静謐《せいひつ》に□して荘厳限りなき宮城、御詔勅を拝し二重橋に□く赤子の群れ、頭を深く垂れ滂沱《ぼうだ》として落つる涙、嗚呼、何の顔あつてか頭をあげ得む『陛下お許し下さいまし、臣等は足りませぬでした』頭は迸《ほとばし》る涙の中に深く垂れるばかりである

『京都新聞』も、二面トップ波線囲いで、見出しを「宮城前に伏す赤子《せきし》　恐懼、涙もて奉答　誓ひ奉る新なる忠誠」とし、次のようにいう。

昭和廿年八月十四日、畏くも　聖断を下された、暗雲の中に仄《ほの》かに拝す大内山は静謐にして荘厳限りない宮城、御詔勅を拝し二重橋前にぬかづく赤子の群は頭を深く垂れ滂沱として押へる泪、ああ何の顔あつて頭を上げん「陛下御許し下さいませ、我ら足りませんでした」頭はほとばしる泪の裡《うち》に深く垂れるばかりである
［闕字－原文］

昭和天皇へ「陛下お許し下さいまし」「陛下御許し下さいませ」と懺悔する。その懺悔は、「八月十四日」、「御聖断」「聖断」を聴き、皇居二重橋前で懺悔するという内容であった。

すでにみたように、ポツダム宣言受諾「詔書」は八月一四日午後一一時、『官報』掲載の手続きが済み公布された。それが国民に伝えられたのは、八月一五日正午「玉音」放送である。国民は、八月一四日時点では、ポツダム宣言受諾「詔書」も「玉音」放送も未経験である。それにもかかわらず、この記事では、八月一四日ポツダム宣言受諾「詔書」を知った国民が皇居二重橋前で昭和天皇へ懺悔するという内容であった。

これらの記事は、明らかに、架空の物語、偽記事であった。

そして、この架空の物語は、『東奥日報』『京都新聞』、複数紙に、ほぼ同じ記事として掲載された。両者は、表現、ひらがなと漢字使用などにわずかな違いがあるが、明らかな同文である。それは、この記事の作成者が『東奥日報』『京都新聞』、それぞれの記者によるものではなく、他の誰かによるものを、この地方二紙が掲載したことを意味している。

これについては、八月一四日同盟による対外向け放送が予定稿を誤送信し［北山 一九九六：二〇三

頁〕、その誤送信記事が国内紙にも流用されたのではないかという指摘がある〔鳥居 二〇一四：七一六－七一八頁〕。

問題であるのは、誤送信と記事の流用だけではない。その内容である。架空の物語を、予定稿として執筆、それが昭和天皇への懺悔を強調する記事であったことである。ほんらい、新聞記事は、起こった出来事、過去形また過去完了形を記事とする。しかし、ここではあらかじめ記事を用意、しかも、それが昭和天皇へ懺悔する内容であった。

なぜ、『東奥日報』『京都新聞』は国民を昭和天皇への懺悔へと誘導しようとする偽記事を掲載したのであろうか。

## 八月一五日、架空の物語を創作した新聞②――「宮城前」の懺悔

八月一五日『朝日新聞』二面にも不思議な記事がある。

二重橋からみる皇居の写真を掲載、そこに人物は写らない。見出しは「玉砂利握りしめつゝ宮城を拝したゞ涙　嗚《ああ》・胸底抉《えぐ》る八年の戦ひ」、記者がポツダム宣言受諾「詔書」を「拝し」、皇居前を訪れたという。

多くの論者が、「玉音」放送以前に書かれた予定稿、架空の物語であったのではないかと指摘してきた記事である〔加瀬 一九七四：九四頁〕〔加瀬 二〇〇五：二九六頁〕〔小園 一九八四：二二四－二二五頁〕〔鹿野 一九九八：九一－九三頁〕〔上丸 二〇〇九：八面〕〔鳥居 二〇一四：七一七－七二〇頁〕。

溢れる涙、とめどなく流れ落ちる熱い涙、あゝけふ昭和二十年八月十五日、「朕ハ帝国政府ヲシテ米英支蘇四国ニ対シ其ノ共同宣言ヲ受諾スル旨通告セシメタリ」との大詔を拝し、大君の在します宮居のほとり、濠端に額づき、私は玉砂利を涙に濡らした、唇をかみしめつ、またかみしめつ、道行く兵隊の姿を見ては胸かきむしられ、「作れ飛行機」の貼紙を見ては、宮城への道々を悲憤の涙を流し続けて来た私であつた、胸底を抉る八年余の戦ひのあと、歩を宮城前にとゞめたそのとき、最早や私は立つてはをられなかつた、抑へに抑へて来た涙が、いまは堰もなく頬を伝つた、膝は崩れ折て玉砂利に伏し、私は泣いた、(中略)寂として声なき浄域の中に思はず握りしめる玉砂利、拳を握つて私は「天皇陛下……」と叫び、「おゆるし……」とまでいつて、その後の言葉を続けることが出来なかつたのである。(後略)

記者は、ポツダム宣言受諾「詔書」(「大詔」)を読み、昭和天皇に「おゆるし……」と懺悔する。この長文の記事はつぎのようにしめくくる。

私は立上つて「皆さん……」と叫んだ、「天皇陛下に申し訳ありません……」それだけ叫んで声が出なかつた、だが私は一つの声を聞き、二つの声を耳にした「わかります」「私も赤子の一人です」「この上どんなことが起こらうとも……」この声はそれだけ言つて、もうあとは嗚咽にかき砕かれた、日本人、あゝわれら日本人、上に万世一系、一天万乗の大君の在します限り、われらの心は一つ、如何なる苦しみにも耐へぬき、いつかの日、けふこの日の歴史の曇りを拭ひ去り浄め掃ひ、三千年の歴史を再び光輝あるものたらしめるであらう、天皇陛下には畏くも「茲ニ国体ヲ護持シ得テ忠良ナル爾臣民ノ赤誠ニ信倚シ」と仰せられてゐる、あゝ聖上を暗き世の御光と仰ぎ、進むことこそ我ら一億の唯一つの道ぞ、涙のなか、その喜びに触れて私は「やりませう」と大きな声で叫んだ【一記者謹記】〔闕字－原文〕

記者は、再び、「天皇陛下に申し訳ありません……」と昭和天皇に懺悔する。そのうえで、「国体護持」を確認、昭和天皇との一体性を誇らしげに語る。この記事も、国民を昭和天皇への懺悔へと誘導している。

この記事にも明らかな矛盾があった。この記事は八月一五日である。この記事が翌日八月一六日であるとすれば、八月一五日正午皇居前での記者の感慨、ということで、時間的順序に問題はない。しかし、たとえ八月一五日の新聞配達・街頭販売が正午の「玉音」放送後であったにせよ、八月一五日正午の皇居前をリアルタイムでえがいたものを、この日の新聞記事として組み入れることが、物理的に可能であったのであろうか。

これについて、朝日新聞は杉山勝美（？－？）整理部長の回想として、二面担当大島泰平《たいへい》（一九〇九－八八）整理部次長の話を、次のように記録している。

その日の紙面のうち二の面には「玉砂利握りしめつゝ宮城を拝したゞ涙」の記事があるが、

一記者謹記とあるのは当時第二報道部のベテラン末常卓郎氏（故人）が執筆したもので、そのことは大島君が記憶していた。

大島君がいうには、正午の玉音放送開始時刻に合わせて末常記者は皇居前に行っていて取材した。すぐ社の方に帰ってきたが、感激のあまり筆が執りにくい状態であったという。

この原稿を整理部に渡したのが十二時半ごろ。それから印刷におろして三時ごろ発送した。

一面の詔書は公布が十四日午後十一時だったので、これは玉音放送前に入手できていたが、文字にするのは十五日正午の放送以後ということだった。

結局、普通の場合は前夜印刷するのだが、このような緊急事態だったので、十五日は午後編集が終わって印刷、発送と夕刊なみの朝刊発行となった。

〔朝日新聞百年史編修委員会編 一九九一：六五一－六五二頁〕

末常卓郎《すえつねたくろう》（一九〇六－七四）というベテラン記者が、正午「玉音」放送の時刻に合わせて皇居前に行き（「正午の玉音放送開始時刻に合わせて末常記者は皇居前に行っていて取材した」）、この記事の原稿を書き紙面を作ったという。末尾の【一記者謹記】とはこの末常卓郎という記者であった。

しかし、この回想も記事の内容と対照させたとき、明らかに矛盾する。

記事では、末常記者は、ポツダム宣言受諾「詔書」のなかの「朕ハ帝国政府ヲシテ米英支蘇四国ニ対シ其ノ共同宣言ヲ受諾スル旨通告セシメタリ」「玆ニ国体ヲ護持シ得テ忠良ナル爾臣民ノ赤誠ニ信倚シ」を引用している。このポツダム宣言受諾「詔書」は八月一四日午後一一時公布であり、末常記者はそれを入手していたのであろう。いっぽう、回想によれば、末常記者は正午「玉音」放送の時刻、皇居前にいて「感激」したという。

当時のラジオに携帯用はない。ラジオ受信機から拡声器でも使わない限り、皇居前で「玉音」放送が流れることはない。八月一五日正午、皇居前で「玉音」放送を聴くことはできない。皇居前は無音であったはずである。国民は自宅や職場などで「玉音」放送を聴いた。しかし、皇居前でそれを聴くことはできなかった。仮に、末常記者が、八月一五日正午皇居前にいたとするのならば、そこは無音であり、彼は「玉音」放送を聴かなかったことになる。彼は「玉音」放送を聴かずに、「感激」の筆を走らせたことになる。

また、正午「玉音」放送に合わせて皇居前に行った末常記者は、帰社し、原稿を書き、それを整理部に渡したのが一二時半であったという（「この原稿を整理部に渡したのが十二時半ごろ」）。皇居前から朝日新聞東京本社のある築地（東京都中央区築地）までは近い。しかし、正午に皇居前にいて、帰社、そして長文の原稿を書き、それを一二時半までに仕上げる、三〇分間でこれらを行なうことは不可能であろう。しかも、末常記者は帰社直後には興奮し筆を執ることができない状態であったという（「感激のあまり筆が執りにくい状態」）。

当時国民にとって、ラジオとならぶ情報入手機関である新聞が、戦争終結と同時に国民へと伝えた情報は、ポツダム宣言受諾、戦争終結の事実のみならず、むしろそれ以上に、「国体護持」と昭和天皇への懺悔であった。架空の物語さえも創作し、「国体護持」へ、「原子爆弾」への責任転嫁へ、そして、昭和天皇への懺悔へと、国民を誘導している。

この『朝日新聞』の記事も、さきにみた、『東奥日報』『京都新聞』の偽記事と同じく、偽記事といってよいだろう。それでは、なぜ、『朝日新聞』も『東奥日報』『京都新聞』と同じく、偽記事までをも作成し、国民を昭和天皇への懺悔に誘導しようとしているのであろうか。また、これらは、新聞社独自の判断であったのか、それとも、情報局がなんらかの指示を出していたのであろうか。

## 八月一五日、「玉音」放送予定稿の「国体護持」

いまみた『東奥日報』『京都新聞』また『朝日新聞』の架空の物語とまでいかなくとも、正午の「玉音」放送以前に執筆した予定稿の可能性のある記事が八月一五日『読売報知』二面トップにもある。白抜き文字で「われら断じて忘るな大国民の矜持《きょうじ》」とかかげ、見出しを「御詔勅を胸奥にすべてを国体護持へ」とし、ここでも「国体護持」をくりかえす。

清秀の秋立ちそめたうまし皇土、この清《すがすが》しき大和島根に生を享けた人はもとより、草も木も、路傍の石ですらがヒタと声をのみ耳をそば立てそよぎをやめた天の一角からの御声に触れた瞬間である、その御声は朗々とわれらの胸にひゞくがごと、沁み入るがごと、かつて体験もしなかつた衝撃の強さであつた、四年まへ宣戦の大詔を拝したあの日よりある意味では大きな衝撃であり、感動である。

「玉音」放送を聴いたことを前提としている（「天の一角からの御声に触れた瞬間である」）。それは、一九四一年（昭和一六）一二月八日宣戦「詔書」よりも「衝撃」であったという。

新聞配達・街頭売りは正午の「玉音」放送のあとであった。しかし、この正午の「玉音」放送を聴き、それについてこのような記事を書き、同日午後の新聞に掲載することが、物理的に可能であろうか。これも、「玉音」放送を予定して、すでにこの記事を書いていたと考えることができないだろうか。

次のように続ける。

□として詔勅は「時運ノ趨ク所堪ヘ難キヲ堪ヘ忍ヒ難キヲ忍ヒ以テ万世ノ為ニ太平ヲ開カムト欲ス」と仰せられてゐる、事つひにこゝに至つたのである、四年まへの御詔勅をわれ〳〵は眦《まなじり》を決し、拳《こぶし》をにぎり歯をくひしばり、胸にかみしめて拝したのであつた、あの日の誠実と聡明さをいま再びわがものとしなければならない、大詔を奉戴して決然起つたわれ〳〵はいままた大詔奉戴のため決然と驀進《ばくしん》を開始する勇気と決断を失つてはならぬ、思へば四年前一億は決然と発足したが、戦ひの長引く間にあつてわれらの力は果してゆるむことはなかつたかたゞ深い反省を持つて来るべき行動へ果敢であらねばならぬ、正にいま日本はかつてなかつた革新の秋に直面した、古来いく多《た》の艱難はあつたが、かゝる忍苦と底力に耐へねばならぬ性質のものは恐らくなかつたであらう、だがこれは決して敗北ではない、耐へねばならぬ、進まねばならぬ、すべてを国体護持の一点に凝結せしめて上御一人のお言葉を奉戴して——

懺悔よりはトーンは弱いが、ここでは国民に「反省」を強いる。そして、強調するのは、「国体護持」と、昭和天皇の「玉音」放送（「上御一人のお言葉」）の遵守であった。

## 八月一六日、表象による懺悔キャンペーン

「玉音」放送の翌日、八月一六日の新聞各紙は、「玉音」放送を聴く国民の姿を伝える。多くの新聞は皇居前また靖国神社にぬかずく国民を、また、「玉音」放送を聴く国民を、八月一五日とされる写真とそのキャプションによって伝える。八月一五日の新聞各紙は文章のみであったが、八月一六日は国民の懺悔を文章のみならず表象により感性にすりこませる。

八月一六日『毎日新聞』一面トップは、見出しを「聖上御放送　玉音曇らせ給ふ　全国土・熱涙に震ふ」であった。そのなかで次のようにいう。

世界歴史に記録さるべき四分間、その間玉音曇らせ給ふと拝察されること幾度か、腹の底からこみ上げるすゝりなきと嗚咽、日本国民はみんな泣いたのである、大東亜戦争開戦以来四歳、われら蒼生《そうせい》の忠誠遂に足らず、悔んでも悔みきれない口惜しさが五体を駈けめぐつた、全身は申訳なさに震へた、いまはたゞ一億の不忠をお詫び申上げる涙ばかりである、しかも大詔の宣《の》らせ給ふ所、神州の不滅を信じさせられ将来の国運を御軫念《しんねん》あらせらる大御心の深遠、臣一億は血涙と共に恐懼するばかりであつた、□国土が涙にぬれたこの歴史的な

御放送が終つて再び奏せられる『君が代』の〝巌となりて苔のむすまで〟――国民の深いく誓ひはその国歌の一節にあつた［平出－原文］

国民が「玉音」放送を聴き泣いた、「いまはたゞ一億の不忠をお詫び申上げる涙ばかりである」、昭和天皇への懺悔を書く。

図2　懺悔の表象(1)［『毎日新聞』1945年8月16日一面］

そして、この一面トップの左側は、「〝忠誠足らざる〟を詫び奉る（宮城前）」の写真である。図2のように、皇居前にぬかずく人々を背後から写し出す。昭和天皇への懺悔をキャプションとともに表象とする。

『毎日新聞』二面トップも、見出しを「玉砂利に伏し嗚咽　たゞ涙で拝す宮城緑の梢も悲痛こもる」とし、国民の昭和天皇への懺悔を書く。

二重橋前には明治天皇、大正天皇神去りまししし時以上多くの民草の群が或は伏し、或は起立し、天を仰ぎて涙をこらへて民草はかゝる事態に立至つた己れ自身の不甲斐なさを責め一天万乗《ばんじょう》の大君のかく御宸襟《しんきん》を悩まさせ給ふ臣としての不忠はお詫びし切れぬ心に責られ身をさいなまされるのだ、一人の男が旗竿につけた国旗を捧げ持ち悲痛な声をふりしぼつて

『天皇陛下――』

と□唱したが声が出なかつた、人人はとぼ〳〵とやつと柵近くまでくるとその場に座つた、そして玉砂利に額をすりつけたきり中々と上らないのだ、涙がボタ〳〵と出る、こらへとしてこらへられず一人の嗚咽は遂に二重橋前のすべての人々の嗚咽となつた

『私が悪かつたんだ!本当に最後の力まで出し切らなかつた私が悪いんだ』

一人の乙女はさういつてワーッとその場に声をあげて泣き伏した、あゝいまにして思ひあたる敗因だ

『申訳ございません』

聖上に対するお詫びは高くなる泣声に切なくこもつてゐた、警戒の憲兵の手も小刻みに震へ頬もぴりついてとまらぬ、海軍の将校も泣いてゐた、兵も泣いた、一億すべて泣いた

昭和天皇への「お詫び」「申し訳ございません」「泣いた」の羅列であった。そして、この『毎日新聞』二面の左横は、国民が「玉音」放送を直立不動また正座によりうなだれて聴く二枚の写真を載せる。

八月一六日『読売報知』一面はその上段左側に「地に伏して蕭然《しょうぜん》聖恩に咽《むせ》ぶ　宮城前赤子の群」

のキャプションのもと、皇居前で正座し額づく国民を写し出す。二面は上段左側に図3の「靖国の英霊に伏してお詫びを告げる」というキャプションのもと、靖国神社で正座する国民とされる写真である。懺悔キャンペーンは、昭和天皇のみならず、靖国神社の祭神に対しても向けられていた。

八月一六日『朝日新聞』『毎日新聞』『読売報知』のように写真を掲載しないが、二面トップが「二重橋前に赤子の群　立上る日本民族　苦難突破の民草の声」の見出しのもと、皇居前に集まる国民を伝える。

図3　懺悔の表象(2)［『読売報知』1945年8月16日二面］

天皇陛下、お許しください

天皇陛下！　悲痛な叫びがあちこちから聞えた、一人の青年が起ち上つて

「天皇　陛下　万歳」とあらん限りの声をふりしぼって奉唱した、群衆の後の方でまた「天皇陛下万歳」の声が起つた将校と学生であつた、土下座の群衆は立ち去らうともしなかつた、歌つては泣き泣いてはまた歌つた、退勤時間に、この群衆は二重

橋前を埋め尽してゐた、けふもあすもこの国民の群は続くであらう、あすもあさつても「海ゆかば…」は歌ひつゞけられるであらう、民族の声である、大御心を奉戴し苦難の生活に突進せんとする民草の声である、日本民族は敗れはしなかつた（一記者謹記）

『朝日新聞』も皇居前での国民の昭和天皇への「お許しください」を書く。『朝日新聞』も八月一五日に続き再び懺悔キャンペーンであった。そして、この記事を書いたのは「一記者謹記」、八月一五日皇居前の架空の物語を書いたのと同じ記者であった。

一億総懺悔といえば八月一七日組閣の東久邇宮稔彦総理大臣が知られるが、これら八月一五日・一六日の新聞各紙をみると、東久邇宮稔彦内閣成立以前から、懺悔キャンペーンははじまっている。東久邇宮稔彦総理大臣が突如一億総懺悔を唱えたのではない。それは、ポツダム宣言受諾、戦争終結へと誘導した戦争終結派の総意と考えることができないだろうか。

## 情報局「国体護持を強調せよ」

新聞各紙そろっての、昭和天皇への懺悔、「国体護持」の一大キャンペーンであった。架空の物語、偽記事さえも使い、国民を「国体護持」へと情報操作、洗脳しようとしているかのようである。新聞各紙に対して、なんらかの政治的圧力、指示があったと考えなければならないだろう。

清水幾太郎《いくたろう》（一九〇七－八八）読売新聞論説委員が戦争終結から八年後、次のような回想を残している。

> 昭和二十年の夏、戦争が漸く終ろうとする頃、私は東京の或る新聞社に関係していた。八月十五日の数日前から、情報局は、連日、殆んど狂気のように、「国体護持を強調せよ」と通達して来ていた。目下の戦局や今後の方針には触れずに、ただ国体護持だけを繰返して来ていた。
>
> 〔清水 一九五三：四頁〕

情報局が、「八月十五日の数日前」から、連日、「国体護持を強調せよ」と通達していたという。「国体護持」の「強調」は情報局の指示であった。

　この通達が情報局から読売新聞社の清水幾太郎のもとへ届いていたとするならば、毎日新聞社・朝日新聞社など他の中央紙にも、同様の通達があったと考えることができる。ただし、現在、この通達について、その文書記録は残らない。回想のなかにのみ残る。

　毎日新聞社では、情報局のこの通達があったためであろうか、八月一五日、高田元三郎《もとさぶろう》（一八九四－一九七九）代表取締役が、社内向けの訓示で次のように述べている。

> 全社員諸君、われわれの道はただ一つ国体護持、皇国の再建、これに一億を結集し、この目的のために新聞人として挺身する、ただこれあるのみであります。
>
> 〔羽鳥 一九九一：一四頁〕

代表取締役が、全社員向けに訓示、新聞は「国体護持」のために尽力すべきであると説く。

厳密にいえば、通達の文書記録、証拠書類が残らない以上、情報局が新聞各紙に対して、「国体護持」の「強調」を指示し、それを新聞各紙が徹底させたことは論証できない。しかし、事実として残る八月一五日新聞各紙の昭和天皇への懺悔、「国体護持」の「強調」、回想のなかに残る情報局の指示、それらを総合して仮定すれば、八月一五日の新聞各紙は、情報局の情報統制のもとで、その指示通りの報道を実行していたと考えてよいだろう。

また、通達の文書記録が残らないとすれば、それは証拠隠滅が行なわれた可能性を示唆する。「国体護持」、昭和天皇への懺悔について、ただひとつ残る不思議な文書がある。八月一四日午後五時、情報局が各新聞社へ出したとされる通達「大東亜戦争終結に伴う輿論指導方針」である。

大東亜戦争終結交渉に伴う輿論指導方針

八月十四日午後五時　内閣情報局

政府は今回の交渉に立ち至った経過および内容に立ち入らず全国民の結束と憤起《(ママ)》を要望しをれり

国内の輿論は全国民の結束を保持し国体を護持して未曽有の国難に処すべきを強調すること

イ　現下最大の問題は大御心を奉戴してあくまで国体を護持して君臣親和一体、全国民一致結束して臥薪嘗胆、もって未曽有の国難に当るべきを強調

ロ　この未曽有の国難を招来したについては国民のことごとくが責任をわかち上　陛下に対し

奉り深く謝し奉り匪躬《ひきゅう》の誠を表し奉るとともに皇国伝統の精神を遺憾なく発揮して一切の事態に対処すべきを強調

ハ　今後この難局を打開するは戦争以上の艱難《かんなん》困苦にして、あくまでこれを克服して、もって一路国隆に邁進《まいしん》すべきを強調

ニ　時局に痛憤のあまり同胞互いに傷つけ合い、または経済、社会、道徳的混乱を惹起《じゃっき》するにおいては皇国滅亡すべきことを強調

（以下略）

［高桑 一九八四：三五頁］［闕字－原文］

四項におよぶ。新聞報道は、（イ）「国体護持」を強調すること、（ロ）昭和天皇への懺悔（「上陛下に対し奉り深く謝し奉り」）を強調すること、（ハ）困難打開を強調すること、（ニ）混乱回避を強調することである。

情報局の八月一四日午後五時通達、新聞報道が強調すべきことの一つ目に（イ）「国体護持」の強調、二つ目に（ロ）昭和天皇への懺悔があった。

これらのうち、（イ）「国体護持」の強調は新聞人の回想にもあり、八月一一日以降の新聞各紙に氾濫していた。（ロ）昭和天皇への懺悔については、新聞各紙とも八月一五日から本格的に登場する。いまみたように、架空の物語・予定稿作成をもして、昭和天皇への懺悔があった。

この「大東亜戦争終結に伴う輿論指導方針」は、一九四五年（昭和二〇）八月時点読売新聞社上海・南京特派員の高桑幸吉（一九一四－？）が『マッカーサーの新聞検閲――掲載禁止・削除になっ

た新聞記事』(一九八四)に紹介したものである。高桑は一九四五年(昭和二〇)一二月上海から引き揚げ東京勤務となったが、この通達「大東亜戦争終結に伴う輿論指導方針」の八月一四日には日本にいなかった[高桑 一九八四:九頁]。その高桑がGHQによる新聞検閲資料とともに残した。

高桑はこの通達ついて次のようにも言う。

この輿論指導方針は読売の場合、編集局長から政経部、社会部、整理部、連絡部、論説委員会、東亜部、欧米部に即時通知されていた。[高桑 一九八四:三六頁]

読売新聞社では、編集局長から各部に通知されていたという。そうであるとすれば、他紙へもこの通達は出され、各新聞社内で同じように各部への通知が徹底されたはずである。そうとう広範囲でこの通達が広がったはずである。

しかし、この通達「大東亜戦争終結に伴う輿論指導方針」は、この通達の時点では上海にいた高桑によってのみ残された。信ぴょう性については疑われていないが[有山 a 一九九三:一三一一四、三二頁][笹本 一九九五:二二九―二三〇頁][北山 一九九六:一八三頁]、現在、その原本を確認することはできず、他でこの文書をみることはできない。

# 第11章　「原子爆弾」報道の全面解禁

## 八月一五日、新聞二面の「原子爆弾」（「新型爆弾」）

八月一五日の新聞報道の特徴は、情報局が指導した可能性の高い昭和天皇への懺悔と「国体護持」の一大キャンペーンだけではなかった。この日の新聞報道にはもうひとつの特徴があった。それは、この日、情報局の指導のもと、「原子爆弾」報道が全面解禁されたことである。

たとえば、それを、八月一五日新聞各紙のなかで、「原子爆弾」をもっとも具体的に報道、その「残虐」を訴えた『毎日新聞』を例としてみてみよう。

一九四五年（昭和二〇）八月一五日、『毎日新聞』二面はその左側三分の二を「原子爆弾」（「新型爆弾」）に割いた。

二面上段中央は、黒塗り白抜きで「史上空前の残虐〝原子爆弾〟」、見出しを「吊革を握つたまゝ一閃《せん》で全乗客黒焦　点々・鉄兜の頭蓋骨」とする。

リードは次のようにいう。

敵の新型爆弾に対して今や世界の輿論は一斉にその非を鳴らして起つたかのやうである、同陣営内の英国においてすらそれは議会の問題となつてゐる、わが国は勿論スイスを通じて抗議を提出した、毒ガス以上の非人道的なる殺人用具である、これは既に兵器といふ範囲のものではない、堂々の戦ひを行ふ武器ではなく、たゞ一筋に人類の滅亡を急ぐ最大の兇器なのだ、同爆弾調査のため記者は被災三日目の九日広島に到着したが、その焼跡の清掃の行届いてゐるのにまづ感激した、主要道路には一個の死体を見ることさへなかつた、従つて同爆弾のもつ残忍性をさして身近に感ずることはなかつたのであつたが、その後罹災した人々の話を一つ〱聞く□にその残忍性が浮き彫りにされて来たのである。

記者は、「新型爆弾」投下三日後の八月九日、広島へ入った。その直後、この記事を書いたのであろう。なぜならば、すでにみたように、「原子爆弾」報道は最初「新型爆弾」と表記するよう指導されたからである。見出しは「原子爆弾」を使うが、リードとこのあとみる本文では「新型爆弾」を使う事実は、いまだ「新型爆弾」表記が強制された段階、記者が広島での見聞直後、この記事を書いたことを推測させる。それとともに、この「新型爆弾」の原稿は、掲載されず寝かされ、はじめて八月一五日に掲載されたことをも推測させる。

記者がリードで強調するのは、「新型爆弾」はもはや兵器・武器ではない、「人類の滅亡を急ぐ最大の兇器」であるということであった。その通りであろう。しかし、いったん寝かされた「新型爆弾」原稿が、なぜ、八月一五日、一面をポツダム宣言受諾「詔書」、「国体護持」を「強調」する新聞の裏面、二面においてはじめて掲載されたのであろうか。

高原四郎（?―?）毎日新聞社社会部副部長の次のような回想がある。

私が終戦を実感したのは、その前日の十四日夜だった。

当時、私は社会部でデスクを勤めていた。十四日午後、終戦の詔勅が発せられるということになってから、私どもは内閣情報局の指令に引きずりまわされた。その第一は、詔書を掲載する十五日付の新聞は、天皇の放送がある正午前に配達してはいけないというのであった。〝朝刊〟ではなく、異例の〝昼刊〟にせよというわけだ。続いての指令は、それまで当局の発表以外は厳重に掲載禁止となっていた広島、長崎の新型爆弾（原爆のこと）の記事は検閲不要というのであった。

新型爆弾については、当局提供のお座なりの解説記事以外は報道を許されなかった。だからといって新聞記者は手をこまねいてはいなかった。大阪本社の記者は、被爆三日後の広島に乗り込み、生々しい現地報告を送ってきた。東京へ電話送稿されてきたその原稿は、とても検閲は通らない、むごたらしいものだったので、私は他の原爆解説記事などといっしょにデスクの引き出しの奥にあたためておいた。それが、検閲方針の一八〇度転換で掲載できることになった。明日の社会面はこれだと思って、私はそれらの原稿を一括して整理部へ渡した。（中略）

その日の〝昼刊〟社会面の一三段は原爆記事で埋められていた。それが、わが国で初めての原爆報道になったとは、そのときは全然知らなかった。

［高原 一九八三：一四八頁］

毎日新聞社大阪本社の記者が「新型爆弾」の記事を送ってきた。社会部の高原四郎社会部副部長は検閲をおそれ掲載せずデスクにしまった。しかし、情報局（「内閣情報局」）から、八月一五日の新聞は、正午の「玉音」放送のあと配達、それとともに、「新型爆弾」については「検閲不要」の指示があった。それにより、この記事が掲載可能になったというのである。

情報局の指示が口頭によったとは考えられない。文書による通達があったと考えられる。しかしそれは現存しない。回想のなかにのみある。

この回想が正確であるとするならば、一九四五年（昭和二〇）八月一五日、戦争終結、昭和天皇の「玉音」放送、ポツダム宣言受諾「詔書」の国民への発表と、「原子爆弾」（「新型爆弾」）報道の全面解禁は、それを同時に行なうよう、情報局が指示していたことになる。これまた情報操作であった。[*1]

## 八月一五日、「原子爆弾」（「新型爆弾」）の具体的報道

それでは、情報局の「原子爆弾」（「新型爆弾」）記事全面解禁のもと、八月一五日『毎日新聞』二面が報道した、「新型爆弾」記事はどのようなものであったのであろうか。全文をみてみよう。

◇中心地の近くのこと、一台の電車が焼けた残骸のまゝ停まつてゐた、遠目から見るとその中に人がづらりと並んでゐる、奇妙なところで休息してゐるものだと近寄つて見ると、なんとこれは

總て死体なのだ、走つてゐる電車の中で突如新型爆弾の一閃をうけ、その爆風を蒙つた人々が腰掛けた人はその姿のまゝ、吊革に下がつてゐた人々は吊革に下がつたまゝの姿で折重なつてゐる、数十の人々の生命が一つとして逃れるものもなく、この狭い車内で奪ひ去られたのだ
◇某所で疎開建物の取壊しに義勇隊や学生たちが半裸体で忙しく活動してゐた、魔の一閃はこの人々の露出皮膚面を一瞬に焼き尽した、つるりと剥けた皮膚、多数の人々がその場に悶え倒れたまゝ再び起きあがらなかつた、そしてそれに引続いて起こつた火災のため一片の骨すら残らずに焼かれてしまつたのだ
◇鉄兜をかぶつてゐる人々の一群が多数この炎に蒙つたところがあつた、そこでは焼跡に点々鉄兜の□□が見られたが、その中には人人の頭蓋骨が残つてゐた
◇或る知名の士が焚死《ふんし》した、同氏の邸宅は爆風の強圧をうけて倒壊し氏はその屋根の下敷きとなつた、幸ひ難を免れて戸外に出た夫人と令嬢の耳へ〝こゝだく〟といふ、主人の声が届いた、持ち上げようとしたが駄目だつた、夫人と令嬢は救援を求めて警察署へ走つた、そして再びとつて返したとき辺りは一面猛火に包まれ近寄る術もなかつた、二人は互ひに励まし合ひつゝ、安全

＊1　このように、原子爆弾の報道については、戦争終結とともに、いったん情報局の情報統制が全面解禁されたと考えられるが、その後、ＧＨＱ（連合国軍総司令部）は九月一九日プレスコード、二二日ラジオコードを発令、原子爆弾の情報統制を行なう。これについては、モニカ・ブラウ（立花誠逸訳）『検閲 一九四五－一九四九――禁じられた原爆報道』（一九八八）・高橋博子『封印されたヒロシマ・ナガサキ――米核実験と民間防衛計画』（二〇〇八）・山崎正勝『日本の核開発 一九三九－一九五五――原爆から原子力へ』（二〇一一）などによる詳細な研究があり、その全体像が明らかにされている。

と考へた□□を目指して逃げた、しかし傷心の夫人は火炎を切抜ける力なく遂に行方不明となったのだ

◇地震は□震があつて少しは危険を予知し得ようがこの爆弾は文字通りたつた一揺れ、それは○キロ半径の家屋を或は倒し、或は損ふのだ、この知名の士と同様生きながら猛煙に包まれた人がどれ程の数に上るであらうか、中心地附近で二抱へもあると思はれる楠の木が拶《そ》ぎ取つたやうにへし折られてゐる程の強圧である、木造家屋は耐ふべくもない、広島で記者が到着早々この清掃の行届いてゐるのに感激したことは先に述べたが、これは清掃が十分されてゐるためだけではなかつたのだ、死体の処置に全力を集中してゐた軍官民にはまた道路の清掃をやる余裕はなかつただが、この爆風は真上から作用したので各建物は完全にペチャンコに圧し潰され道路にはみ出したのはなかつたわけなのだ、しかも劫火《ごうか》がその跡をなめて焼き尽くしたのだ、道路はきれいな筈だつた、それに広島の焼跡を見て特に感じたのはコンクリート建物以外何ものも残つてゐないことだ、他所の焼跡には必ず見られる土蔵の残骸が一つもないのだ、爆風の強さが如何に強烈なものであつたかが窺はれる、この大爆風の直接の強圧を免れ家屋の破壊から助かり閃光にも当らなかつた人々もなほ負傷を免れることは出来なかつた、それは強烈な速度で飛散した硝子《ガラス》や家具の破片であつた、広島市民で負傷もなほ免れた人々は奇跡に近いともいへよう、微塵になつた硝子破片で顔面に無数の傷をうけてゐる人、家具で打撲傷をうけた人々、広島の焦土は白い繃帯の氾濫である

◇毒ガスは非人道的といはれその使用は禁ぜられてゐるのだが、その残虐性はこの爆弾と何れで

あらうか、毒ガスは相当の時間を要して与へるだけの糜爛《びらん》的効果をこの爆弾は一瞬にして与へるのだ、それに加へて強烈な爆弾以上の爆風を伴つてをり、かつ毒ガス以上の兇器というてあまりある兇器なのだ、敵は最近は都市焼爆にもまづその周辺に焼夷弾を撒布して道路を絶つた後中心部へ□□混用投下する鬼畜の手段をとるやうになつて来た、そしてこれはその□殺的効果を飛躍せしめてこの爆弾を使用したのだ、固より万余の退避をすれば安全性が高いものであるが危険が避けられるといふことと、その性能が残虐なものであるといふことは自ら別問題である、戦ふ双方が同時にこの爆弾を、しかも大量に使用したときを考へて見よ、そこには人類の滅亡があるだけではないだらうか

八月一五日の他紙もその二面は「新型爆弾」の報道であった（『朝日新聞』は翌八月一六日二面）。しかし、これほど具体的にその惨禍を世に知らしめたものはなかろう。電車のなかの重なり合う遺体、屋外で建物疎開作業をしていた勤労動員・学生の遺体さえ残らない被爆死、人体の他の部分は焼失し鉄兜のなかの頭蓋骨のみの遺体、倒壊した人家の下敷きで生きながらの焼死、ガラスの破片による裂傷、巨大な閃光をともなう爆発・爆風・火災による広島市街地全域の壊滅、これらが続く。

記者は、リードと同じく、この記事の最後で、「新型爆弾」の大量使用は、「人類の滅亡」をもたらすと警鐘を鳴らす。人体をむしばむ放射能汚染、原爆症について記者はいまだ未知であった。被爆の直接的惨害のみの報道である。それのみをもってしても「人類の滅亡」危機を訴える。

## 下村宏国務大臣兼情報局総裁が沈黙した八月一五日

一九四五年（昭和二〇）年八月一五日の新聞は、わたしたちに、次のような事実があったことを浮かびあがらせてくれる。

第一には、ポツダム宣言受諾、戦争終結にあたり、内閣直属の情報局は新聞各紙に指示、国民向けに情報操作を行なった。その情報操作は、いっぽうでは、昭和天皇への懺悔と「国体護持」、体制継続を訴え、もういっぽうでは、「原子爆弾」の「残虐」を強調するものであった。これらは、この日の新聞各紙の紙面構成を見るだけでもうかがい知ることができる。

第二には、しかし、このような情報局の指示が、文書記録に残されていないことである。正確にいえば、唯一、裏づけの難しい文書が一点残るのみである。そのほかは、新聞人の回想のなかに断片的に残るのみである。証拠隠滅の可能性さえある。

くりかえしになるが、情報局のトップ、下村宏情報局総裁兼国務大臣の『終戦記』（一九四八）をみてみよう。昭和天皇のポツダム宣言受諾「詔書」の発表を、八月一五日正午のラジオによる「玉音」放送とし、そのあと、新聞各紙の配達・街頭売りとした手順について回想する部分である。

結局正午にすれば朝寝坊も起きてゐる。内地外地を通じて聴取する能率が一番高い。今から今夜にかけさらに明朝も正午の重大放送を予告しつゞけるならば最大多数が聴取することにならう。

それでは内地では新聞の発表が一足先になる。いやそれは朝の配達をのばして玉音放送と同時に正午とすればよい。とにかく下村（筆者）は長く新聞社に居た、放送協会にもゐた、いま情報局総裁の職を兼ねてゐる。大体はその辺としてあとは臨機彼に一任といふ事でまとまつた。

〔下村 一九四八：一六〇頁〕

しかし、情報局が八月一五日の新聞各紙の内容を統制したことについては、回想を残さない。下村国務大臣兼情報局総裁の回想は取捨選択されている。語った部分と語らなかった部分、後世へ残そうとした事実と残そうとしなかった事実がある。下村国務大臣兼情報局総裁の『終戦記』には、発信し残そうとした事実と、沈黙し解消させようとした事実とがある。

後者、沈黙の部分にこそ、八月一五日をめぐる情報操作の本体が隠されているといえよう。八月一五日新聞各紙は昭和天皇への懺悔と「国体護持」を強調した。八月一五日新聞各紙は「原子爆弾」報道を全面解禁しその「残虐」を強調した。これら二つの情報操作、それが情報操作であることについて、情報局は沈黙し、それのみならず、その証拠を隠滅した可能性が高い。

情報局、下村国務大臣兼情報局総裁は、戦争終結後においても、なぜ、これら情報操作を行なったことを隠蔽したのであろうか。また、その情報操作は成功し、日本国民に共通する観念を形成させることができたのであろうか。成功したとすれば、日本国民には、情報操作に基づく共同幻想とでもいうべく、事実とは微妙にずれたアジア太平洋戦争観、戦争終結観が形成された可能性があろう。事実に基づくが、それをコントロールする者が創出した共同幻想、それがあたかも事実であるかのように錯覚させられた共通観念の形成である。

## 原民喜「もう少し早く戦争が終ってくれたら」、林京子「なして、もっと早う言うてくれん」

広島と長崎には被爆・被曝者がいる。ポツダム宣言受諾の言い訳にされた「原子爆弾」であった。しかし、その犠牲者、当事者であった彼ら・彼女らに、「玉音」放送はどのように届いたのであろうか。

広島と長崎、被爆・被曝者のうちからひとりずつみておきたい。

八月六日詩人・小説家の原民喜（一九〇五–五一）は広島市街地で被爆・被曝する。原は壊滅した市街地を脱出するなか凄惨な死者・負傷者をみる。避難先の佐伯郡八幡村（広島市佐伯区）で八月一五日をむかえる。八月六日を再現した「夏の花」（一九四七）がよく知られるが、それに続く「廃墟から」（一九四七）は八月一五日を次のようにえがく。彼は負傷の手当のため連日の病院通いであった。

病院は何時行つても負傷者で立込んでゐた。三人掛りで運ばれて来る、全身硝子《ガラス》の破片で引裂かれてゐる中年の婦人、——その婦人の手当には一時間も暇がかかるので、私たちは昼すぎまで待たされるのであつた。——手押車で運ばれて来る、老人の重傷者、顔と手を火傷してゐる中学生

——彼は東練兵《（東練兵場）》で遭難したのだそうだ。——など、何時も出喰わす顔があつた。小さな姪はガーゼを取替えられる時、狂気のように泣喚《なきわめ》く。〔原 一九四七b：三七頁〕

いったん帰宅する。そのとき偶然「玉音」放送を知る。

その日も、私のところの順番はなかなかやつて来ないので、車を病院の玄関先に放つたまま、私は一《ひと》まづ家へ帰つて休まうと思つた。台所にゐた妹が戻つて来た私の姿を見ると、

「さつきから『君が代』がしてゐるのだが、どうしたのかしら」と不思議さうに訊《たず》ねるのであつた。

私ははつとして、母屋の方のラジオの側《そば》につかつかと近づいて行つた。放送の声は明確にはききとれなかつたが、休戦といふ言葉はもう疑へなかつた。私はじつとしてゐられない衝動のまま、再び外へ出て、病院の方へ出掛けた。病院の玄関先には次兄がまだ呆然《ぼうぜん》と待たされてゐた。私はその姿を見ると、

「惜しかつたね、戦争は終つたのに……」と声をかけた。もう少し早く戦争が終つてくれたら、——この言葉は、その後みんなで繰返された。彼は末の息子を喪つてゐたし、ここへ疎開するつもりで準備してゐた荷物もすつかり焼かれてゐたのだつた。〔原 一九四七b：三七－三八頁〕

原とその近親者は「玉音」放送の事前通知を知らなかった。原は同じく避難している妹から「君

が代」演奏のことを聞き、直感的にラジオをつけ「玉音」放送を聴いた。事前通知を知るゆとりなどなかったのであろう。その後、彼らがくりかえし語った言葉は、「もう少し早く戦争が終ってくれたら」であった。

ポツダム宣言受諾の国家意思を決定した人たちは、その言い訳、責任のがれのために、「原子爆弾」を利用した。しかし、その「原子爆弾」の当事者たちには、「国体護持」も彼らの言い訳も届かなかった。ぎりぎりの状態でその余裕などなかったのであろう。当事者たちが口にしたのは、「原子爆弾」以前に戦争を終わらせることができなかったのか、という疑問であった。

八月九日高等女学校生徒林京子（一九三〇－二〇一七）は、長崎の「原子爆弾」爆心地から一・三km離れた軍需工場で、学徒動員中被爆・被曝した。家族とともに諫早《いさはや》市に疎開していたが、林は下宿し長崎市の女学校に通学していた。林は軽傷であった。しかし下痢便となり衰弱する。やがて脱毛する。八月一三日母の救助により諫早市に避難し八月一五日をむかえる。「祭りの場」（一九七五）はそれを次のようにいう。まずは息子を原子爆弾で亡くした伯父のことばである。

震える唇をかんでラジオに聞きいっていた伯父は「なして、もっと早う言うてくれん」と声の主に恨みを言った。

〔林京子 一九七五：五三頁〕

ラジオは「玉音」放送、「声の主」とは昭和天皇のことである。林も同じであった。

なして、もっと早う言うてくれん。私の終戦感想もこれだけだ。

〔林京子 一九七五：五四頁〕

長崎の被爆・被曝者の林京子、その伯父も原民喜と同じであった。「なして、もっと早う言うてくれん」。

林は八月一五日を次のようにもいう。家の前に被爆・被曝者避難所となっていた国民学校があった。

私はだるい体を壁に寄りかけて、縁側から校庭を眺めていた。校舎の廊下には、教室からはみ出した被爆者たちが、手当も受けずに寝かされていた。手当をする薬がなかった。火傷の体をいたわる布団もない。床に寝かされた被爆者たちに、蛆《うじ》がわいた。母は毎日、その人たちの看護に出かけていった。町内の婦人たちは、みんな看護にいった。死期が迫った被爆者は緑色の下痢を流す。便の中であえぐ怪我人の体を、母たちは水で拭いてやる。全身に火傷を負っている人も、冷たい水で肌を潤してやると、和やかな表情をみせたという。ピンセットで傷口の蛆もとってやった。蛆が化膿した肉をつついて、痛い、と泣くのだそうである。看護から帰ってくる母の体には、被爆者たちの血膿《ちうみ》の匂いがしみていた。私は人間にも蛆がわくことを知り、震えた。

〔林京子 一九九五：二二六－二二七頁〕

被爆・被曝者の原民喜と林京子には、情報局による八月一五日の情報操作は届かなかった。死と隣り合わせのぎりぎりの当事者たちは、身体的にも精神的にも物理的にも、情報操作への対応が不可能であった。

## 「玉音」放送に順応する被爆・被曝地の言説

被爆・被曝地といえども、「玉音」放送の「国体護持」にしたがう人々もいた。

たとえば、高野源進《げんしん》（一八九五－一九六九）広島県知事が県下警察署長あてに出した「県知事告示」を、竹原警察署長が竹原町長あてに移牒したと考えられる文書である。

竹警第四八三号
　昭和二十年八月十七日
　　　　竹原警察署長
竹原町長殿
　県知事告示
本日畏モ大詔ニ（ヲ）拝シマシタコトハ未曾有の御事乍ラ親シク国民ニ御愉（論）シ賜リマシタ玉音ヲ拝シマシテ大御心ノ程ヲ拝察スルダニ畏キ極ミデアリマス
是ノ未曾有ノ国難ヲ招来スルニ付イテハ全国民総ベテコノ責任ヲ分チ上陛下ニ対シ奉リ御詫申上ゲ絶対ノ誠ヲ尽シ奉ルト共ニ我々国民ハ共々大詔ノ御旨ヲ奉戴シ（詠詔書必謹）誓ッテ国体ノ護持

ト総力ヲ将来ノ建設トニ傾ケ一日モ早ク皇国再興隆盛ヲ計リ以テ聖慮ヲ安ンジ奉ランコトヲ期セネバナリマセン　之コソ皇国ニ生ヲ受ケテ居ル我々日本国民並ニ我等子孫ノ課セラレタル責務デアリマス（後略）　〔広島県編　一九七二：一八八頁〕

国民の昭和天皇への懺悔さえも記し（「上陛下ニ対シ奉リ御詫申上ゲ」）、「国体護持」による国家再興を指示する。この「県知事告示」は、広島県全域に向けての公文書であるために、ポツダム宣言受諾「詔書」と「玉音」放送に沿っているだけとも考えられるが、県知事の地域社会への指示は「国体護持」であった。

被爆・被曝者の救護に尽力した宮内村（廿日市市）の「宮内村日誌」も、八月一五日を次のように記す。

天気晴ナリト雖モ陰気堪ヘ難シ　朝ノ報道ニ於テ「正午ニ重大放送アリ民一億必聴スベシ」トノ事　スハ戦局ニ関スル一大事変ナルベシ　ト各自忖度ス　十時勅語ヲ賜ル旨放送ス　正午襟ヲ正シ詭座（ママ）ス　畏クモ玉音朗々タリ拝聴スルニ従ヒ熱涙滂沱《ぼうだ》タリ　三千年ノ歴史一頓ヲ来ス　「責朕独リ負ハン為有衆ニ負ハスニ忍ビンヤ」トノ詔リ　赤子何ゾ此聖恩ノ辱ニ堪ヘ得ンヤ　苦難ヨ弥《いや》ガ上ニモ増シ来レ　何レノ時ニカ仇ヲ報ジ聖慮ヲ安ンジ奉ラムト期セザル者アラムヤ　国民ノカ足ラサリシカ　尽忠未ダ到ラザリシカ　万死ニ値セム　〔広島県編　一九七二：二〇二頁〕

美辞麗句が並ぶ。ポツダム宣言受諾「詔書」と「玉音」放送にはない、昭和天皇が贖罪を一身に負うかのような言葉、「責朕独リ負ハン為有衆ニ負ハスニ忍ビンヤ」を記す。昭和天皇にそのようにさせたことを、国民の努力不足、「万死ニ値セム」とさえいう。救護者として被爆・被曝の凄惨な状況を見聞していたことであろう。しかし、彼らは「玉音」放送を聴き、昭和天皇に懺悔している。

広島城北側で被爆・被曝し全身火傷、宇品・岡山を経て鳥取陸軍病院に収容されたある陸軍少尉は、八月二三日にノートを入手、手記を記しはじめる。その八月一五日に、次のように記した。

此の日傷殊の外痛む。此のまゝ死したる方が可なりなどゝ思ふ。しかれど落着きて考ふれば、我等明るく生きざるべからず。承詔必謹。大詔を拝すべし。陛下の御心中を拝察申し上ぐべし。軽挙、無駄にくよ〳〵すること無用なり。明るき希望に生きん。落着きて明るき希望に向ひ生きんと決意す。

大詔拝するに只々有り難さ身にしみ、畏れ多きに涕《なみだ》あふるるのみ。日本はありがたき国なり。まことにありがたき国なり。この御仁慈に既に死せりと覚悟せるを生命永らへたるこの身、明るき希望に向ひ死せる覚悟にて日本再建にひたむきにすゝまん。日本はありがたき国なり。唯、感泣す。全身魂を傾け尽し鴻恩の万の一にも報ゆるべく努力せん。〔広島県編 一九七二：二六一頁〕

陸軍軍人ということもあろう、被爆・被曝者でありながら、昭和天皇のポツダム宣言受諾「詔書」に対して、「ありがたき国」を繰り返す。

　表向きだけかもしれないが、被爆・被曝地といえども、ポツダム宣言受諾「詔書」と「玉音」放送をそのままに受け入れた人たちがいた。被害者としての自覚、加害者としての自覚、また、戦争責任、ポツダム宣言受諾「詔書」と「玉音」放送は、それらの自己確認を解消させる機能を果たしているかのようでもある。

# 第12章　情報漏洩とうわさ話拡散

## 八月七日、高見順「大変な話――聞いた？」

情報局の情報操作は、証拠隠滅の可能性も高く、徹底していた。

しかし、情報操作はいっぽうで情報漏洩と口コミを生む。うわさ話の拡散となる。原子爆弾についても、八月六日広島への原子爆弾投下直後から、はやくもうわさ話がささやかれた。

『高見順日記』は原子爆弾投下の情報漏洩とその拡散を詳細に残している。

八月七日高見順が東京の日本文学報国会から鎌倉の自宅への帰途、新橋駅で電車を待っている。偶然、義兄で内務官僚の古井喜美《よしみ》（一九〇三－九五）と出会う。古井が高見に次のように語る。

「大変な話――聞いた？」

と義兄はいう。

「大変な話？」

あたりの人を憚《はばか》って、義兄は歩廊に出るまで黙っていた。人のいないところへ彼は私を引っ張って行って、

「原子爆弾の話――」

「……！」

「広島は原子爆弾でやられて大変らしい。畑俊六も死ぬし……」

「畑閣下――支那にいた……」

「ふっ飛んじまったらしい」

大塚総監も知事も――広島の全人口の三分の一がやられたという。

「もう戦争はおしまいだ」

原子爆弾をいち早く発明した国が勝利を占める、原子爆弾には絶対に抵抗できないからだ、そういう話はかねて聞いていた。その原子爆弾が遂に出現したというのだ。――衝撃は強烈だった。

私は、ふーんといったきり、口がきけなかった。［高見 一九六四：三五七－三五八頁］［傍点－原文］

広島に原子爆弾投下、広島は三分の一が壊滅、もはや戦争遂行は不可能であろうという。

しかし、この会話は、事実と微妙に食い違う。「畑閣下」と記された畑俊六《しゅんろく》（一八七九－一九六二）陸軍元帥は「ふっ飛んじまった」わけではない。東京裁判の被告にもなる（終身刑の判決）。「大塚総監」と記された大塚惟精《いせい》（一八八四－一九四五）中国地方総監（在広島）は被爆死したが、「知事」と記された高野源進広島県知事は出張中のため被爆しなかった。

彼らのうち、大塚と高野が内務官僚であるので、同じく内務官僚の古井に情報が入り、古井はそれを義弟の高見に語ったのであろう。

翌日八月八日、高見は広島への原子爆弾投下の情報を早くも友人たちへ拡散させる。鎌倉から東京の日本文学報国会へ向かう電車のなか、高見は小説家今日出海《こんひでみ》（一九〇三―八四）に次のように語る。


「新聞読んだ？」

と、聞いてみたら読んだという。広島の爆撃のことが出ていたかと聞くと、

「出ていた――」

「変な爆弾だったらしいが」

「うん、新型爆弾だと書いてある」

「原子爆弾らしいが、そんなこと書いてなかった？」

「ない。――ごくアッサリした記事だった」

「そうかねえ。原子爆弾らしいんだがね。――で、もしほんとに原子爆弾だったとしたら、もう戦争は終結だがね」

〔高見 一九六四：三五九頁〕

高見は家を出る前に新聞を読もうとしたが、遅配のため読むことができなかった。そこで、今《こん》に新聞に原子爆弾についての報道があったのかと尋ねている。今は高見に対して「新型爆弾」として報道されていたと答える。高見は今に対して、それが「原子爆弾」であり戦争終結は決定的であるという。

すでにみたように、八月八日は新聞が原子爆弾を「新型爆弾」として報道をはじめた日であった。それが彼らの会話のなかにもあらわれていた。

こんどは、今が、高見から聞いた原子爆弾投下の情報を、日本文学報国会で拡散させる。

文報へ行くと、調査部の部屋ではまだ常会が行われていた。防空壕のことが議題になっている。防空壕がないのだ！これからそれを掘ろうというわけである。今君が原子爆弾のことを座に披露した。誰も知らない。知らないのは当り前であった。新聞でもラジオでも、単に新型爆弾という言葉で、あっさり片附けているからだ。国民に恐怖心をおこさせまいとする政府の隠蔽政策は、——万事につけてこの政策だが、——成功しているわけだった。だが、そのうち真相が伝わるだろう。隠せば隠すだけ、むしろ誇大に伝わるだろう。その害の方が警戒すべきなのではないか。万事につけて、今までいつもそうだったが——。

〔高見 一九六四：三六〇頁〕

今は、「新型爆弾」とは「原子爆弾」である、と拡散させた。いっぽう、高見は政府の情報操作、情報統制が、かえって事実をゆがめ国民の恐怖心をあおるのではないか、と疑問を投げかける。

## 八月九日、高見順「原子爆弾の話が出た。仁丹みたいな粒で、東京がすっ飛ぶ」

八月九日になると、広島への原子爆弾投下だけではない。高見は、ソ連の対日参戦、長崎への原子爆弾投下をも知る。

八月九日朝、高見は久米正雄（一八九一－一九五二）を訪ねる。川端康成（一八九九－一九七二）もくる。彼ら小説家仲間はともに鎌倉で貸本屋鎌倉文庫を開いていた。そこでのうわさ話である。


原子爆弾の話が出た。仁丹みたいな粒で、東京がすっ飛ぶという話から新爆弾をいつか「仁丹」と呼び出した。

「そのうち、横須賀にも仁丹が来ますな」

「二里四方駄目だというが、鎌倉は、するとまあ助かりますかな」　［高見 一九六四：三七〇頁］

鎌倉在住の高見・久米・川端は、「原子爆弾」で「東京がすっ飛ぶ」、海軍基地のある横須賀に「原子爆弾」が投下されたとき鎌倉は大丈夫であろうか、という会話であった。

この東京への原子爆弾投下のうわさ話は、高見順が八月一一日にも「街では、十三日に原子爆弾が東京を襲うという噂が立っていた」［高見 一九六四：三九六頁］、矢部貞治が八月一二日に「どうも東京を新型爆弾でやるといふデマが盛んに飛んでゐる」［矢部 一九七四：八三一頁］と記録するので、広く流布していたうわさ話であろう。

この東京への「原子爆弾」のうわさ話の発生源はアメリカ兵捕虜であった可能性がある。

広島への原子爆弾投下についての「陸軍側及海軍側調査概要」（一九四五年八月一〇日）が、アメリカ人捕虜の言葉として、「基地ハ硫黄島ニ在リ本爆弾ハ電機《（電気）》装置ニテ時間ヲ規正シ炸裂セシム次回は十二日東京ヲ攻撃ス」といううわさ話を記録〔広島県編 一九七二：三九七－三九八頁〕、また、池田純久『陸軍葬儀委員長――支那事変から東京裁判まで』も、B29搭乗員捕虜が広島・長崎への原爆のあと、「次は東京西部地区が予定爆撃地だと聞かされていた」と語ったというのである〔池田 一九五三：一一六頁〕。実際に、グァム島・テニアン島のアメリカ軍前線基地では、第三番目の原爆投下地を東京とし、ワシントンに許可を求めようとしていたという〔F・ニーベル&C・ベイリー（笹川&杉渕訳）一九六〇：二三七頁〕。

午後四時過ぎ、貸本屋鎌倉文庫で店番をしていた高見を、林房雄《ふさお》（後藤寿夫。一九〇三－七五）が訪ねてくる。

「えらいことになった。戦争はもうおしまいだな」

という。新爆弾のことかと思ったら、

「まだ知らんのか。ソ聯が宣戦布告だ」

三時のラジオで報道されたという。〔高見 一九六四：三七〇頁〕

ソ連の対日参戦をラジオで聴いたといい、それを高見に伝えている。これはラジオ放送でうわさ話ではなかった。

林が帰ると、こんどは永井龍男（一九〇四－九〇）が貸本屋鎌倉文庫を訪ねてくる。

永井君が来た。東京からの帰りに寄ったのである。緊張した表情である。長崎がまた原子爆弾に襲われ広島より惨害がひどいらしいという。二人の者が、同盟と朝日と両方から聞いて来て、そういったというから、うそではないらしい。

〔高見 一九六四：三七一頁〕

すでにみたように、長崎への原子爆弾投下は、「新型爆弾」としてごく簡単な報道があっただけであった。しかし、永井はその事実を同盟（「同盟」）と朝日新聞社（「朝日」）から知り、それを高見に語っている。秘匿されているはずの「原子爆弾」がうわさ話として拡散している。

夜、高見は貸本屋鎌倉文庫の会計のために、久米を訪ねる。会計は済んでいて酒を出される。

避難の話になった。もうこうなったら避難すべき時だということはわかっているのだが、誰もしかし逃げる気がしない。億劫《おっくう》でありまた破れかぶれだ。

「仕方がない。死ぬんだな」

〔高見 一九六四：三七一－三七二頁〕

投げやりな心性である。八月九日は、高見たち鎌倉在住の小説家たちにとって、事実とうわさ話の間で、どこか虚無的な長い一日であった。

## 東郷茂徳外務大臣「段々に洩れた」・迫水久常内閣書記官長「逐次過般の事態が洩れた」

すでにみたように、八月一〇日未明、最初のポツダム宣言受諾の決定、連合国へのポツダム宣言受諾通知は、それに参画した権力中枢に限定された情報であったはずである。しかし、このポツダム宣言受諾決定の極秘情報も漏洩した。

東郷外務大臣が次のように回想している。

「ポツダム」宣言受諾の通告発送の事実が段々に洩れたので、軍部殊に参謀本部及軍務局の中堅将校が「クーデター」を企てつゝありとの聞込みがあり、海軍軍令部方面でも其気配があるとの噂があつたので、米内海相には直接注意したが、軍令部方面で過激の行動がある場合には首脳部の更迭を断行する積りだとのことであつた。〔東郷 一九五二：三四八頁〕

統帥、陸軍参謀本部・海軍軍令部に漏洩していた。東郷外務大臣は、八月一四日夜から八月一五日未明にかけてのポツダム宣言受諾阻止クーデター未遂事件がこの情報漏洩のためであるとも認識している。

迫水内閣書記官長も次のように回想している。

所謂消息通の間には、逐次過般の事態が洩れた為に、或は私共を激励するもの、或は反対に威嚇するもの、甲論乙駁、株式取引所は十日朝から大蔵省と打合せで閉鎖してあつたが、経済界にも動揺の兆が現はれ、私としても心配といふか何といふか、全く私の良心にのみ取りすがる外はなかつた。

〔迫水 一九四六：六八頁〕

迫水内閣書記官長に「激励」あるいは「威嚇」があったということは、それなりの広がりをもっての情報漏洩であったのであろう。

この漏洩の広がりについては、皇族の東久邇宮稔彦も次のように回想する。

この頃から（八月一一日－引用者）ポツダム宣言をめぐる閣議や最高戦争指導会議の内容が、慌しい政府要人の来往と共にようやく世間に漏れ、おゝわれない人心の不安動揺が感ぜられだした。

夕刻、見識り越しの朝日新聞記者が来て

――朝日では、陛下の御聖断によつて、ポツダム宣言を受諾するようになつたことについて、一同が非常によろこんでいる。

〔東久邇 一九四七：一〇二頁〕

十二日の朝になると、ある知名の実業家がやつて来て

――政府は、ポツダム宣言を受諾するという噂があるが、自分は、絶対反対だ。自分は軍部の中堅層と相談して、和平反対の行動を起そうとしつゝある。近く、その行動が現れるはずであ

る——

と語った。

〔東久邇 一九四七：一〇三頁〕

朝日新聞記者・実業家までもが、情報漏洩により、ポツダム宣言受諾決定を知っていたことになる。

## 八月一〇日、高見順「戦争はもうおしまい——」

八月一〇日ポツダム宣言受諾決定の情報漏洩は、彼ら権力中枢から周辺へのみ拡散したわけではない。国民の間にうわさ話として拡散しつつもあった。

徳川夢声『夢声戦争日記』八月一〇日は、「日本の無条件降伏申入れという大変も大変、これ以上の大変はない、私設ニュースを聴いた」として、妻が聞いたうわさ話を紹介する。

> 今夜日本はソ連へ向って無条件降伏の申入れをしました。ソ連が受諾すれば明日発表になるでしょう。
>
> 〔徳川夢声 一九六〇：一三〇頁〕〔傍点－原文〕

連合国全体に対してではなく、ソ連に限定して無条件降伏の申し入れをしたといううわさ話であった。

『女性改造』の記者は次のようなうわさ話を聞いたという。

あのころになると、さすがにどこからともなく和平のうわさが流布されておりましてね。陸軍が強硬で話がまとまらないらしい。それで、十二日には東京の近郊へ原子爆弾を落とすそうだというデマがとびましてね。

〔長谷川・山本 一九四八：三三頁〕

戦争終結と東京近郊への原子爆弾投下のうわさ話であった。

高見は八月一〇日にはポツダム宣言受諾決定を知っている。貸本屋鎌倉文庫で、川端康成と久米正雄夫人と次のような会話をかわしたという。

店へ行くと、久米さんの奥さんと川端さんがいて、

「戦争はもうおしまい――」

という。表を閉じて計算をしていたところへ、中年の客が入って来て、今日、御前会議があって、休戦の申入れをすることに決定したそうだと、そういったというのだ。明日発表があると、ひどく確信的な語調でいったとか。

あの話し振りでは、満更でたらめでもなさそうだと川端さんがいう。

「浴衣掛けでしたけど、何んだか軍人さんのような人でしたよ」

と久米さんの奥さんはいう。

「休戦、ふーん。戦争はおしまいですか」
「おしまいですね」と川端さんはいう。
［高見 一九六四：三七八頁］

軍人と推測される貸本屋鎌倉文庫（［店］）の客が川端康成と久米正雄夫人にポツダム宣言受諾決定の情報を話し、彼らがそれをさらに高見に話している。

警視庁が九月一日付で集計した「八月中ノ流言蜚語取締状況一覧表」によると、八月一一日品川区の会社員男性（四五歳）が女性事務員数名に対して、「日本ハ無条件降伏シタ、モウ何モシナクテモヨイ」と話していたという［粟屋編 一九八〇：二三八頁］。

これらはたまたま記録として残ったものにすぎない。氷山の一角であろう。広島への原子爆弾投下の情報漏洩、ポツダム宣言受諾決定の情報漏洩、それらは国民の間に、確実にうわさ話として拡散していた。東京への原子爆弾投下予定のうわさ話すらあった。情報操作、情報統制は、事実と微妙に違う口コミによるうわさ話を流布させた。それが、情報操作の裏面に存在したもうひとつの事実であった。

高見はみずからもが、この口コミ、うわさ話のなかに棲息しつつ、街の虚無的な表情をスケッチする。八月一一日次のように記す。

街の様子は、前日と同じく実に平静なものだった。無関心の平静――というべきか。
対ソ戦に関する会話、原子爆弾に関する会話を、外では遂にひとつも聞かなかった。日本はどうなるのか――そういった会話は、憲兵等の耳を恐れて、外ではしないのが普通かもしれないが、外でしたってかまわないはずの対ソ戦や新爆弾の話も遂にひとことも聞かなかった。民衆は、黙して語らない。

大変な訓練のされ方、そういうことがしみじみと感じられる。同時に、民衆の表情には、どうなろうとかまわない、どうなろうとしようがないといった諦めの色が濃い。絶望の暗さもないのだ。無表情だ。どうにかなるだろうといった、いわば無色無味無臭の表情だ。

〔高見 一九六四：三九五－三九六頁〕

情報漏洩とうわさ話の拡散、それは社会に沈殿する虚無とともにあった。事実が歪曲された社会のひとつの姿であった。

# 第13章　「御前」会議とは？

## 三種類の「御前」会議

戦争は終わった。

それでは、戦争終結を決定した「御前」会議とはそもそも何であったのであろうか。

これまでも、たとえば、最高戦争指導会議「御前」会議として、正確に呼称してきたが、「御前」会議には複数の会議形態がある。あえて定義すれば、「御前」会議とは、天皇が出席して国家意思を決定する会議となろう。しかし、そのすべてが同じ会議ではない。

「御前」会議については、それが日中戦争期からアジア太平洋戦争期にかけて一五回あったことが整理されている〔大江 一九九一：一〇〇－一〇二頁〕。また、陸軍への肯定的視点からではあるが、「御前」会議を行なった大本営政府連絡会議と最高戦争指導会議は、政府と統帥との間の「統合調整」のための会議であるが、これらの会議には法的拘束力はなかったことが指摘されている〔服部 一九六五：一三八－一四三頁〕。このあとみるように、確かに、大本営政府連絡会議にせよ最高戦争指導会議にせよ、これらには法制上規定がない。そうであるとすれば、法的拘束力のないこれらの会議に昭和天皇が出席する「御前」会議が、なぜ、国家意思決定機関となり得たのであろうか。その

# 昭和天皇「御前」会議一覧

| 回 | 年月日 | 会議 | 内閣 | 議題 | 構成員 | | | 昭和天皇発言 | 出典 |
|---|---|---|---|---|---|---|---|---|---|
| | | | | | 政府 | 統帥 | 枢密院議長 | | |
| 1 | 一九三八年一月一一日 | 大本営政府連絡会議 | 第一次近衛文麿 | 支那事変処理根本方針 | 近衛文麿（総）廣田弘毅（外）賀屋興宣（蔵）末次信正（内）杉山元（陸）米内光政（海） | 閑院宮戴仁（陸総）伏見宮博恭（海総） | 平沼騏一郎 | — | 『朝日新聞』一九三八年一月一二日夕刊第一面 |
| 2 | 一九三八年一一月三〇日 | 大本営政府連絡会議 | 第一次近衛文麿 | 日支新関係調整方針 | 近衛文麿（総）有田八郎（外）池田成彬（蔵）末次信正（内）板垣征四郎（陸）米内光政（海） | 閑院宮戴仁（陸総）古賀峯一軍令部次長（伏見宮博恭軍令部総長代理） | 平沼騏一郎 | — | 『朝日新聞』一九三八年一二月一日夕刊第一面 |
| 3 | 一九四〇年九月一九日 | 大本営政府連絡会議 | 第二次近衛文麿 | 日独伊三国同盟条約 | 近衛文麿（総）松岡洋右（外）河田烈（蔵）星野直樹（企）東條英機（陸）及川古志郎（海） | 閑院宮戴仁（陸総）伏見宮博恭（海総） | 原嘉道 | — | 『朝日新聞』一九四〇年九月二〇日朝刊第一面 |
| 4 | 一九四〇年一一月一三日 | 大本営政府連絡会議 | 第二次近衛文麿 | 支那事変処理要綱ニ関スル件 | 近衛文麿（総）松岡洋右（外）河田烈（蔵）星野直樹（企）東條英機（陸）及川古志郎（海） | 杉山元（陸総）伏見宮博恭（海総） | 原嘉道 | — | 参謀本部編［一九六七a：一三九－一四〇頁］ |
| 5 | 一九四一年七月二日 | 大本営政府連絡会議 | 第二次近衛文麿 | 情勢ノ推移ニ伴フ帝国国策要綱 | 近衛文麿（総）松岡洋右（外）河田烈（蔵）鈴木貞一（国兼企）東條英機（陸）及川古志郎（海） | 杉山元（陸総）永野修身（海総） | 原嘉道 | — | 参謀本部編［一九六七a：二五四頁］ |
| 6 | 一九四一年九月六日 | 大本営政府連絡会議 | 第三次近衛文麿 | 帝国国策遂行要領 | 近衛文麿（総）豊田貞次郎（外）田辺治通（内）東條英機（陸）及川古志郎（海） | 杉山元（陸総）永野修身（海総） | 原嘉道 | 明治天皇の歌を詠む | 参謀本部編［一九六七a：三〇六、三一一頁］ |
| 7 | 一九四一年一一月五日 | 大本営政府連絡会議 | 東條英機 | 帝国国策遂行要領 | 東條英機（総兼陸兼内）東郷茂徳（外）鈴木貞一（国兼企）島田繁太郎（海） | 杉山元（陸総）永野修身（海総） | 原嘉道 | — | 参謀本部編［一九六七a：四一六頁］ |
| 8 | 一九四一年一二月一日 | 大本営政府連絡会議 | 東條英機 | 対英米蘭開戦ノ件 | 東條英機（総兼陸兼内）東郷茂徳（外兼拓）鈴木貞一（国兼企）賀屋興宣（蔵）岩村通世（司）橋田邦彦（文）井野碩哉（農）岸信介（商）寺島健（鉄兼逓）小泉親彦（厚）島田繁太郎（海） | 杉山元（陸総）永野修身（海総） | 原嘉道 | — | 参謀本部編［一九六七a：五四四頁］ |
| 9 | 一九四二年一二月二一日 | 大本営政府連絡会議 | 東條英機 | 大東亜戦争完遂ノ為ノ対支処理根本方針 | 東條英機（総兼陸）谷正之（外）賀屋興宣（蔵）青木一男（大）鈴木貞一（国兼企）島田繁太郎（海） | 杉山元（陸総）永野修身（海総） | 原嘉道 | — | 参謀本部編［一九六七b：三一二頁］、服部［一九六五：三六六頁］ |

| | | | | | | | | | |
|---|---|---|---|---|---|---|---|---|---|
| 10 | 一九四三年五月三一日 | 大本営政府連絡会議 | 東條英機 | 大東亜政略指導大綱 | 東條英機（総兼陸）重光葵（外）賀屋興宣（蔵）青木一男（大）鈴木貞一（国兼企）島田繁太郎（海） | 杉山元（陸総）永野修身（海総） | 原嘉道 | — | 参謀本部編［一九六七b：四〇九頁］、服部［一九六五：四四八頁］ |
| 11 | 一九四三年九月三〇日 | 大本営政府連絡会議 | 東條英機 | 今後採ルヘキ戦争指導ノ大綱 | 東條英機（総兼陸）重光葵（外）賀屋興宣（蔵）青木一男（大）鈴木貞一（国兼企）山崎達之輔（農）岸信介（商）寺島健（逓）八田嘉明（鉄）小泉親彦（厚）島田繁太郎（海） | 杉山元（陸総）永野修身（海総） | 原嘉道 | — | 参謀本部編［一九六七b：四七〇－四七三頁］、服部［一九六五：四八三頁］ |
| 12 | 一九四四年八月一九日 | 最高戦争指導会議 | 小磯国昭 | 今後採ルヘキ戦争指導ノ大綱 | 小磯国昭（総）重光葵（外）杉山元（陸）米内光政（海） | 梅津美治郎（陸総）及川古志郎（海総） | — | — | 服部［一九六五：六四九－六五二頁］ |
| 13 | 一九四五年六月八日 | 最高戦争指導会議 | 鈴木貫太郎 | 今後採ルヘキ戦争指導ノ基本大綱 | 鈴木貫太郎（総）東郷茂徳（外）豊田貞次郎（軍）石黒忠篤（農）阿南惟幾（陸）米内光政（海） | 梅津美治郎（陸総）豊田副武（海総） | 平沼騏一郎 | — | 服部［一九六五：九〇三－九〇四頁］ |
| 14 | 一九四五年八月九日－一〇日 | 最高戦争指導会議 | 鈴木貫太郎 | ポツダム宣言受諾 | 鈴木貫太郎（総）東郷茂徳（外）阿南惟幾（陸）米内光政（海） | 梅津美治郎（陸総）豊田副武（海総） | 平沼騏一郎 | ポツダム宣言受諾決定。 | 外務省編［一九五二b：五九三－六〇〇頁］、保科［一九七五：一三九－一四七頁］ |
| 15 | 一九四五年八月一四日 | 最高戦争指導会議＋閣議 | 鈴木貫太郎 | ポツダム宣言受諾 | 鈴木貫太郎（総）東郷茂徳（外）阿南惟幾（陸）米内光政（海）安倍源基（内）廣瀬豊作（蔵）松阪廣政（司）太田耕造（文）石黒忠篤（農）豊田貞次郎（商）小日山直登（運）岡田忠彦（厚）櫻井兵五郎（国）左近司政三（国）安井藤治（国）下村宏（国兼情） | 梅津美治郎（陸総）豊田副武（海総） | 平沼騏一郎 | ポツダム宣言受諾の最終決定。 | 下村［一九四八：一四八－一五二頁］ |

＊次のように略記した。総理大臣（総）外務大臣（外）大蔵大臣（蔵）内務大臣（内）司法大臣（司）文部大臣（文）農林大臣（農）商工大臣（商）鉄道大臣（鉄）逓信大臣（逓）厚生大臣（厚）大東亜大臣（大）軍需大臣（軍）運輸大臣（運）企画院総裁（企）情報局総裁（情）陸軍大臣（陸）海軍大臣（海）国務大臣（国）陸軍参謀総長（陸総）海軍軍令部総長（海総）

機構上のからくりが明らかにされなければならないだろう。

日中戦争期からアジア太平洋戦争期の「御前」会議は、表のように、一九三八年（昭和一三）一月一一日開催の大本営政府連絡会議「御前」会議が第一回である。この大本営政府連絡会議は改組され、一九四四年（昭和一九）八月一九日の第一二回からは最高戦争指導会議「御前」会議となった。しかし、最終第一五回の一九四五年（昭和二〇）八月一四日の最高戦争指導会議「御前」会議は、すでにみたように、閣僚全員が参加する閣議でもあり、これは一般的には最高戦争指導会議「御前」会議とされるが、正確には、最高戦争指導会議＋閣議合同の「御前」会議である。また、これらの「御前」会議には、第一二回を除き、すべて枢密院議長が参加している（第一回－第一二回平沼騏一郎、第三回－第一一回原嘉道、第一三回－第一五回平沼騏一郎）。しかも、すでにみた第一四回八月九日夜から一〇日未明にかけての最高戦争指導会議「御前」会議における平沼騏一郎枢密院議長のように、積極的発言もあった。[*1]

あらためて整理すると、一般的に「御前」会議と呼ばれる会議は、

（1）大本営政府連絡会議（第一回一九三八年一月一一日－第一一回一九四三年九月三〇日）

（2）最高戦争指導会議（第一二回一九四四年八月一九日－第一四回一九四五年八月九日－一〇日）

（3）最高戦争指導会議＋閣議合同（第一五回一九四五年八月一四日）

の三種類の形態があり、第一二回を除き枢密院議長が出席、それらへ昭和天皇が出席した会議で

あった。

したがって、これら「御前」会議とは何かを明らかにするためには、まずは、最初の設置であるだけではなく、期間がもっとも長く回数がもっとも多い大本営政府連絡会議とは何かが明らかにされる必要があろう。

## 大本営政府連絡会議（第一回 - 第一一回）

一九三七年（昭和一二）七月七日盧溝橋事件は、日本軍の戦線を、華北のみならず、長江流域へも拡大させる。八月一三日上海で日中両軍が衝突する。第一次近衛文麿内閣は、戦争の本格化にともない、統帥、特に陸軍との調整のために大本営設置を計画する。この大本営設置が、大本営政府連絡会議が設置されるきっかけであった。

矢部貞治『近衛文麿 上』（一九五一）によれば、政府は統帥についてほとんど報告を受けなかったという。

＊1　大本営政府連絡会議と最高戦争指導会議への枢密院議長の出席については、管見の限りでは、その事情を説明したものをみることができない。あえて仮定すれば、日清戦争の大本営には山県有朋枢密院議長、日露戦争の大本営には伊藤博文枢密院議長が参加しているので、その大本営の慣例が継承されたのであろうか。あるいは、天皇の「諮詢」機関である枢密院は外交・条約をその審議課題のひとつとしているので、枢密院議長が参加することにより連絡調整をはかったのであろうか。

閣議で報告される戦況などは、新聞報道よりも一層簡略形式的なもので、書記官長なども却つて新聞記者から、作戦や戦況のことを教えて貰う有様であつた。そこで近衛は、何とかして政戦両略の一元化を進んで考えねばならぬと決意した。一番よいのは憲法を改正して、統帥権の独立を廃すことだが、これは現実問題として殆んど不可能であつたので、次善の策として、首相を構成員とする大本営の設置を考えたのである。従つてそれは軍部側からではなく、政府側から提起された。

［矢部 一九五一：四四一－四四二頁］

日中戦争の本格化にともない、統帥、特に陸軍が独走し、戦争の情報が近衛総理大臣に正確に伝えられない状況があった。統帥が独立していた。それを改善するために、政府、第一次近衛内閣が統帥に対して大本営設置を働きかけたという。

しかし、統帥、特に陸軍はそれを拒否、純粋な統帥機関として大本営を設置する。大本営設置の一九三七年（昭和一二）一一月二〇日、陸軍報道部「大本営設置に際して」はそれを端的に物語る。

大本営の設置は専ら統帥大権の発動に基き平時統帥部と陸海軍省とに分掌せらるる統帥関係事項の処理を一元化するを本旨とする純然たる統帥の府にして之が設置に依り統帥と国務との職域、責任の分界に何等の変化を生ずるものに非ず巷間往々にして大本営は統帥国務統合の府なりとなし或は戦時内閣の前身なりと憶測するが如きものあるも之れ全く根拠なき浮説にして今次の大本営設置の真意に非らざること勿論なり

［稲葉編 一九六七：三五三頁］

大本営は、政府と統帥との調整機関ではなく、政府から独立する「純然たる統帥の府」であるという。

しかし、この陸軍報道部「大本営設置に際して」は、次のような但し書きをつけている。

唯現下の如き状況に及びては政戦両略の一致を期する為大本営と内閣との連絡協調は特に緊密なるを要するを以て陸海軍大臣之に当るの外大本営幕僚長と関係閣僚等とは必要に応じ随時会同して隔意なき意見の交換を行ひ重要案件に就ては御前に会議を行はせらるゝが如き前例も亦採用せらるゝこともあるべしと拝察せらる

〔稲葉編 一九六七：三五三頁〕

陸軍は、大本営を統帥に限定する機関と規定しつつも、政府（「内閣」）との連絡調整（「政戦両略の一致」「連絡協調」）のために、統帥（「大本営幕僚長」）と政府（「陸海軍大臣」「関係閣僚等」）との間に意見交換を行ない、重要案件についてはそこでの「御前」会議（「御前に会議を行はせらる」）によって決定するべきであるという。

統帥、特に陸軍は、戦争遂行のための大本営を、政府を排除した統帥のみと規定する。しかし、政府との間に連絡調整機関を設置、重要案件については、そこでの「御前」会議による決定を考えている。この連絡調整機関こそが大本営政府連絡会議であり、そこにおける重要案件決定の会議が「御前」会議であった。

日中戦争の拡大にともない、第一次近衛内閣は、統帥と政府との連絡調整のために大本営設置を構想した。しかし、陸軍はそれを拒否、大本営を統帥機関とした。ただし、統帥特に陸軍と政府は、両者間の妥協とでもいうべきか、連絡調整のために、大本営政府連絡会議を設置、そこでの「御前」会議を実質的な最高決定機関とした。

大本営および大本営政府連絡会議の法制上の根拠、国家機構における位置は次のようなものであった。

このときの大本営は、一九三七年（昭和一二）一一月一七日制定・施行による大本営令（軍令第一号）による。[*2]

大本営令

第一条　天皇ノ大纛《だいとうか》下ニ最高ノ統帥部ヲ置キ之ヲ大本営ト称ス

大本営ハ戦時又ハ事変ニ際シ必要ニ応ジ之ヲ置ク

第二条　参謀総長及軍令部総長ハ各其ノ幕僚ニ長トシテ帷幄ノ機務ニ奉仕シ作戦ヲ参画シ終局ノ目的ニ稽ヘ陸海両軍ノ策応協同ヲ図ルヲ任トス

第三条　大本営ノ編制及勤務ハ別ニ之ヲ定ム

［『法令全書』昭和十二年「軍令」］

大本営は、「戦時」または「事変」における戦争遂行のために、天皇に直結する統帥機関であり、これは「軍令」によって規定された法制上の機関であった。「戦時」のみならず「事変」とあるのは、政府が、この戦争を「戦争」と呼ばず、最初「北支事変」、九月二日「支那事変」と改称、「事変」と呼んだからである。

しかし、軍令による大本営を含むとはいえ、大本営政府連絡会議には、法制上の位置づけはなかった。大本営設置は一一月二〇日、第一回大本営政府連絡会議（これは「御前」会議ではない）は大本営設置から四日後の一一月二四日である。大本営設置および大本営政府連絡会議設置に先立ち、一一月一九日閣議決定による大本営政府連絡会議の位置づけは次の通りであった。これは新聞報道により全面公開された。

大本営設置につき政戦連繋に関する閣議申合せ

昭和十二年十一月十九日閣議決定

＊2　大本営令は、最初、一八九三年（明治二六）五月一九日戦時大本営条例（勅令第五二号）として制定、一九〇三年（明治三六）一二月二八日改訂（勅令第二九三号）された。戦時大本営条例は、大本営令制定・施行とともに、一九三七年（昭和一二）一一月一七日廃止された（勅令第六五八号）［『法令全書』］。大本営設置は、戦時大本営条例に基づき、日清戦争では一八九四年（明治二七）六月五日設置（一八九六年四月一日「解散」）、日露戦争では一九〇四年（明治三七）二月一一日設置（一九〇五年一二月二〇日「復員」）であった［陸軍省編 一九六六a：九〇四頁］［陸軍省編 一九六六b：九九八、一三二一、一五五三頁］。第一次世界大戦、シベリア出兵、満州事変では設置されなかった。

日清戦争・日露戦争の大本営では、その「御前」会議に、統帥だけではなく、政府からの出席が慣例であった。たとえば、日清戦争では伊藤博文総理大臣・山県有朋（一八三八－一九二二）枢密院議長なども出席［稲葉編 一九六七：五〇頁］、日露戦争では桂太郎（一八四七－一九一三）総理大臣・伊藤博文枢密院議長および元老・小村寿太郎（一八五五－一九一一）外務大臣、さらには、一九〇四年（明治三七）三月一〇日以降は嘉仁《よしひと》皇太子（一八七九－一九二六、のちの大正天皇）も出席している［陸軍省編 一九六六b：一三一八頁］。

一、大本営と政府との聯絡については政府と大本営のメンバーとの間に「随時会談」の協議体を作り随時これを開くことゝする、この両者の会議は特に名称を附せずまた官制にもよらず事実上の会議とする
一、随時会談は参謀総長、軍令部総長の外陸海軍大臣、総理大臣及び所要の閣僚を以て構成するが、閣僚の詮衡《せんこう》については内閣書記官長、陸海軍軍務局長において討議すべき事項と共に人選をなすこととする、但し実際の運用については参謀総長、軍令部総長は出席されず、参謀次長軍令部次長が主として出席する
一、特に重要なる事項の場合は御前会議を奏請し参謀総長、軍令部総長の外陸海軍大臣及び特旨に依り閣僚も列席することもある、御前会議は総理大臣より奏請する場合と参謀総長、軍令部総長より奏請する場合とある
一、右協議体の幹事役は内閣書記官長、陸海軍軍務局長がこれに当る

［『朝日新聞』一九三七年一一月一二日夕刊第一面］［稲葉編 一九六七：1頁］

この閣議決定が大本営政府連絡会議を確定した。

大本営政府連絡会議は、その目的を統帥と政府との間の連絡調整のためとし、構成員は、統帥からは陸軍参謀総長・海軍軍令部総長など、政府からは総理大臣・主要閣僚・陸海軍大臣などである。しかし、大本営政府連絡会議は、それには法制上の根拠がなく（「官制にもよらず事実上の会議とする」）、正式名称がなかった（「この両者の会議は特に名称を附せず」）。大本営政府連絡会議の呼称は慣例にすぎ

なかった。そうであるにもかかわらず、重要案件については、「御前」会議開催を規定している。

大本営政府連絡会議は法制上の根拠がなく正式名称もない。しかし、「御前」会議開催を規定、その「御前」会議での決定が国家意思の決定となった。たとえば、対英米蘭開戦、アジア太平洋戦争開戦を決定した大本営政府連絡会議「御前」会議、特に、第六回一九四一年（昭和一六）九月六日「帝国国策要領」決定、第七回一一月五日「帝国国策遂行要領」決定、第八回一二月一日「対英米蘭開戦ノ件」決定、これら国家意思の決定は、法制上規定のないこの大本営政府連絡会議が「御前」会議であることにより実行されていた。

## 最高戦争指導会議（第一二回 - 第一四回）

アジア太平洋戦争開戦内閣でもあった東條英機内閣が一九四四年（昭和一九）七月一八日総辞職、七月二二日小磯国昭内閣が成立する。八月五日、小磯総理大臣は、大本営政府連絡会議を最高戦争指導会議に改組する。大本営政府連絡会議から最高戦争指導会議への改組は、名称変更にすぎないと指摘されているが［服部 一九六五：一四一頁］［大江 一九九一：一〇三頁］、細部においては修正があった。

まずは、最高戦争指導会議発足の前日八月四日、最後の大本営政府連絡会議での最高戦争指導会議についての合意事項を確認してみよう。

第一、方針
最高戦争指導会議ヲ設置シ戦争指導ノ根本方針ノ策定及政戦両略ノ吻合《ふんごう》調整ニ任ス
第二、要領
一、本会議ハ宮中ニ於テ之ヲ開キ重要ナル案件ノ審議ニ当リテハ御親臨ヲ奏請スルモノトス
二、本会議ノ構成員ハ左ノ通リトス
参謀総長、軍令部総長、内閣総理大臣、外務大臣、陸軍大臣、海軍大臣
必要ニ応シ其他ノ国務大臣、参謀次長及軍令部次長ヲ列席セシムルコトヲ得
三、本会議ニ幹事ヲ置キ内閣書記官長及陸海軍省軍務局長ヲ以テ之ニ充ツ必要ニ応シ所要ノ者ヲシテ説明ノ為出席セシムルコトヲ得
四、本会議ニ幹事補佐ヲ置キ大本営、内閣、陸海外各省高等官中若干人ヲ以テ之ニ充ツ
備考　本会議ハ官制上ノモノトナサス
［稲葉編 一九六七：lxvi 頁］

「第一、方針」では、最高戦争指導会議が統帥と政府との連絡調整機関であることを明言する（「政戦両略ノ吻合調整」）。これは大本営政府連絡会議と同じである。また、その前提として、最高戦争指導会議を戦争遂行のための最高指導機関とする（「戦争指導ノ根本方針ノ策定」）。すでに、大本営政府連絡会議は実質的な戦争指導の最高指導機関であったので、最高戦争指導会議への改組はそれを明確にしたといってよいだろう。

「第二、要領」では、大本営政府連絡会議と同じく、天皇の「御前」会議を規定している（「御親

臨ヲ奏請」）。また、「備考」では「本会議ハ官制上ノモノトナサス」とする。最高戦争指導会議も大本営政府連絡会議と同じく、法制上規定されない会議であった。

いっぽう、大本営政府連絡会議とは異なる点もあった。それは、最高戦争指導会議の正式構成員を六人限定、内閣総理大臣、外務大臣、陸軍大臣、海軍大臣、陸軍参謀総長、海軍軍令部総長としている点である。実際に、最高戦争指導会議に改組してはじめての「御前」会議、第一二回一九四四年（昭和一九）八月一九日の会議構成員は、小磯国昭総理大臣・重光葵外務大臣・杉山元陸軍大臣・米内光政海軍大臣・梅津美治郎陸軍参謀総長・及川古志郎海軍軍令部総長の六人であった。全一五回の「御前」会議で枢密院議長の不参加はこのときだけである。構成員を限定し、戦争指導の集中をはかったと考えることができよう。これは、東條英機内閣では、東條総理大臣が陸軍大臣のみならず陸軍参謀総長をも兼務、政府と統帥の両面を掌握していたが、そうではない小磯総理大臣が実権を集中させるために行なった改組であると考えることができる。

しかし、一九四五年（昭和二〇）四月七日成立の鈴木貫太郎総理大臣のもとでの最高戦争指導会議「御前」会議では、再び、枢密院議長の出席が復活する。第一三回、六月八日の最高戦争指導会議「御前」会議で「今後採ルヘキ戦争指導の基本大綱」を決定した構成員は、鈴木貫太郎総理大臣・東郷茂徳外務大臣・阿南惟幾陸軍大臣・米内光政海軍大臣・梅津美治郎陸軍参謀総長・豊田副武海軍軍令部総長の六人と、豊田貞次郎軍需大臣・石黒忠篤農商務大臣、平沼騏一郎枢密院議長であった。そして八月九日夜から一〇日未明にかけての最高戦争指導会議「御前」会議、ポツダム宣言受諾を決定した第一四回の構成員は、陪席者を除き、前記六人と平沼騏一郎枢密院議長であった。

すでにみたように、このとき、平沼枢密院議長は天皇の統治権について、積極的発言さえも行なっている。

### 最高戦争指導会議＋閣議合同（第一一五回）

八月一四日午前一〇時五〇分過ぎから正午ごろまで、ポツダム宣言受諾の最終決定を行なった第一一五回の「御前」会議は、最高戦争指導会議の六人と全閣僚、そして、枢密院議長が構成員であった。この第一一五回のみは、最高戦争指導会議＋閣議合同の会議を「御前」会議として、昭和天皇がポツダム宣言受諾を最終決定した。

それでは、なぜ、この八月一四日の「御前」会議だけが、最高戦争指導会議と閣議合同となったのであろうか。

これもすでにみたように、前日一三日からアメリカ軍機が日本のポツダム宣言受諾を伝える「伝単」を大量に撒いたため、混乱を避けるための緊急事態であったことが要因のひとつではあろう。くりかえしになるが、木戸内大臣の『木戸幸一日記』では、この「御前」会議開催を、「八時四十分より同五十二分迄、鈴木首相と共に拝謁す。十時半より閣僚、最高戦争指導会議聯合の御前会議召集を仰出さる」〔木戸 一九六六：一二二六頁〕と記す。わずか一二分間の「拝謁」であったが、ここで、木戸内大臣と鈴木総理大臣が急遽「御前」会議開催を決定したと考えられる。その形式は、昭和天皇が「御前会議召集」を「仰出さる」であった。

この形式は、それまで一四回あった「御前」会議の形式とは決定的に異なっていた。

大本営政府連絡会議は、「大本営設置につき政戦連繋に関する閣議申合せ」（昭和十二年十一月十九日閣議決定）が、その「御前」会議開催を、「御前会議は総理大臣より奏請する場合と参謀総長、軍令部総長より奏請する場合とある」とし、政府（「総理大臣」）あるいは統帥（「参謀総長、軍令部総長」）からの「奏請」によるとする。最高戦争指導会議も、一九四四年（昭和一九）八月四日、その発足前日、最後の大本営政府連絡会議での合意事項で、「本会議ハ宮中ニ於テ之ヲ開キ重要ナル案件ノ審議ニ当リテハ御親臨ヲ奏請スルモノトス」とし、同じく、最高戦争指導会議の側から、昭和天皇に「御前」会議を「奏請」する形態をとる。

しかし、最後のこの第一五回の「御前」会議、最高戦争指導会議＋閣議合同だけは、これら合意事項を無視した。昭和天皇が「御前」会議を召集する形式をとった。大日本帝国憲法が規定する統治権者の昭和天皇が、「臣民」の代表者たちを召集し、みずからの意思を伝達する形式である。それを一気に実行したのは、鈴木総理大臣と木戸内大臣であった。

この八月一四日は、もともと午前一〇時開催の定例閣議が予定されていた。下村国務大臣兼情報局総裁が『終戦記』のなかで次のように回想している。

夢結ばれざりし十三日の夜も明けて、八月十四日火曜日午前十時の定例閣議に先だち、首相官邸の閣議の控へ室には、憂色をたゝへし閣僚は三々五々耳語を交してゐる。今や和平論に対し甲論乙駁市井至るところ混乱状態に入らんとし、一部強硬論者は右翼団体軍の中堅将校等と相まちて不穏の空気をかもしはじめつゝある。

十時近くであつた、御召により十時半に参内せよとの知らせがある。此朝早朝首相は宮中に参内して経過を言上し、官邸にかへり間もなくであつた。けだし直前に参内せし結果である事は疑ひない。いづれにしても早急の御召とて服装はすべてそのまゝにて苦しからずとの事であつたが、それにしても御前にまかり出るのであるからあまりにも畏れ多いといふので、秘書官からネクタイを借りるもあり、開き襟を詰め襟にと工夫をこらすものもあり、秘書官の服と着かへるものもある。私は国民服の有りがたさ、儀礼章を胸につけたまゝ、一同と宮中へ参内する。

［下村 一九四八：一四八頁］

この「御前」会議への召集「御召」は、閣僚の側からは、突然であった。午前一〇時から首相官邸で予定されていた定例閣議が変更、宮中「御文庫」での最高戦争指導会議＋閣議合同の「御前」会議となった。

大本営政府連絡会議と最高戦争指導会議の「御前」会議では、閣議との関係で慣例があった。それは、「御前」会議のあと、それを追認するための閣議が行なわれていたことである。たとえば、すでにみたように、第一四回、ポツダム宣言受諾を決定した八月九日夜から八月一〇日未明の最高戦争指導会議「御前」会議では、その終了後、真夜中にもかかわらず、その決定を追認するための閣議が開かれた。しかし、第一五回は、最高戦争指導会議＋閣議合同であり、最高戦争指導会議「御前」会議を追認するための閣議をもはや必要としない。八月一四日午後から夜にかけての閣議は、このポツダム宣言受諾の最終決定に基づき、それを公開するポツダム宣言受諾「詔書」確定のための閣議であった。[*3]

第一五回、最高戦争指導会議＋閣議合同の「御前」会議は、統帥特に陸軍が主導し閣議に先行した、大本営政府連絡会議と最高戦争指導会議およびそれらの「御前」会議への、政府の従属が解消する瞬間であった。もはや、これらの会議の決定を追認するために、閣議を開催する必要がないからである。政府が統帥特に陸軍から、政権運営の主導権を完全奪取した瞬間であるといってもよいだろう。

昭和天皇を軸とすれば、昭和天皇がこの第一五回の「御前」会議を、「奏請」によらず、召集「御召」したことは、その召集じたいが、その君主としての統治権の行使であった。そして、この召集した「御前」会議で、昭和天皇はポツダム宣言受諾の最終決定、戦争終結を、「臣民」の代表者である最高戦争指導会議＋閣僚に宣言した。大日本帝国憲法第三条「天皇ハ神聖ニシテ侵スヘカラス」の「聖断」であった。「臣民」がそれに反対する選択肢はない。形式においても、内容においても、この「御前」会議における昭和天皇は、大日本帝国憲法が規定する天皇に集中する権力を、

＊3　最高戦争指導会議じたいは、八月一七日成立の東久邇宮稔彦内閣でも継続した。東久邇宮総理大臣は、この日、午後四時に閣議、午後八時に最高戦争指導会議を開いている。三日後の八月二〇日午後三時再び最高戦争指導会議を開きそれを終戦処理委員会に改組する［東久邇 一九五七：二〇八、二一二頁］。それにより、一九三七年（昭和一二）一一月二四大本営政府連絡会議が成立、一九四四年（昭和一九）八月五日大本営政府連絡会議を最高戦争指導会議に改組、約八年間継続したこれら法制上に規定されない戦争指導組織は解消する。

「臣民」に対してもっとも強力に発動させていた。

なお、六月二二日、昭和天皇が最高戦争指導会議構成員六人を呼び行なった、戦争終結の指示、これも最高戦争指導会議からの「奏請」による会議ではなかった。昭和天皇による一方的な召集である。すでにみたように、この召集も鈴木総理大臣・木戸内大臣・米内海軍大臣が裏面でそれを動かしていたと考えられるが、『木戸幸一日記』六月二一日に「二時十五分より二時五十分迄、拝謁、最高戦争指導会議員御召の際賜はるべき御言葉につき言上す」、六月二三日に「三時、最高戦争指導会議の構成員を御召あり、戦争の終結云々につき思召を御伝へ被遊《あそばさ》る」〔木戸 一九六六：一一一二頁〕と記すように、その形式は、昭和天皇が最高戦争指導会議構成員六人を召集「御召」であった。昭和天皇からの一方的な召集である。「臣民」の最高戦争指導会議構成員六人にはそれを拒否する権限はない。これもまた、すでに細川護貞『細川日記』でみたように、「聖断」であった。

## 大日本帝国憲法と「御前」会議

ポツダム宣言受諾の最終決定は、最高戦争指導会議＋閣議合同の「御前」会議であった。天皇に直結する統帥から陸軍参謀総長と海軍軍令部総長が、天皇を「輔弼」する政府から閣僚が出席している。しかし、最高戦争指導会議には法制上の規定がなかった。いわば、非公式の会議であった。その非公式の会議を「御前」会議とすることにより、昭和天皇が国家意思を決定した。

このような、実は非公式の大本営政府連絡会議また最高戦争指導会議が、「御前」会議であることにより、国家意思を決定したこと、それは、最高法規としての大日本帝国憲法に基づいたとき、憲法を遵守したものであったのか、それとも、超法規的措置であったのか、どちらであったのであろうか。

大日本帝国憲法および「大日本帝国憲法義解」の解釈と照合してみよう。

「御前」会議を可能とする、また、有効とする、天皇の統治権と、統帥・政府・帝国議会・枢密院、それぞれが縦割りで天皇にのみ直属するそのしくみである。

すでに、第一条と第三条によって、天皇の統治権とその神聖性による「無答責」を確認しているので、まずは統帥についてである。第一一条は「天皇ハ陸海軍ヲ統帥ス」であり、天皇の陸海軍に対する統帥権を明記する。「大日本帝国憲法義解」は、それを次のように解説する。

本条ハ兵馬ノ統一ハ至尊ノ大権ニシテ専ラ帷幄《いあく》ノ大令ニ属スルコトヲ示スナリ

〔伊藤博文 一八八九：二四頁〕

よく知られた内容であるが、天皇大権として、陸海軍の統帥権は天皇ひとりにある。この統帥権は、参謀総長を頂点とする陸軍と、軍令部総長を頂点とする海軍、二系統の軍事組織がそれぞれにおいて天皇の統帥権のもとにある。陸軍と海軍は、それぞれが指揮系統において相互の関係性を持たず、それぞれが天皇においてのみ連繫する。

いっぽう、予算措置をともなう陸海軍の編成は、内閣の一員である陸軍大臣・海軍大臣のもとにある。しかし、この編成権も天皇大権のもとにある。第一二条は「天皇ハ陸海軍ノ編制及常備兵額ヲ定ム」という。これについて、「大日本帝国憲法義解」の解説は次のようなものである。

本条ハ陸海軍ノ編制及常備兵額モ亦天皇ノ親裁スル所ナルコトヲ示ス此レ固ヨリ責任大臣ノ輔翼ニ依ルト雖亦帷幄ノ軍令ト均ク至尊ノ大権ニ属スヘクシテ而シテ議会ノ干渉ヲ須《ま》タラサルヘキナリ

〔伊藤博文 一八八九：二四頁〕

陸軍大臣・海軍大臣の「輔翼」によるが、予算措置をともなう陸海軍の編成も天皇大権（「至尊ノ大権」）に属し、国家予算を議決する帝国議会の枠外にあると説明している。この陸海軍の編制について第一二条の天皇大権は、政府に属する陸軍大臣・海軍大臣の「輔翼」も天皇に直属するとする。陸海軍の軍事事項については、それが統帥であろうとも政府であろうとも、究極は天皇大権のもとにあった。これらにより、大本営政府連絡会議にせよ最高戦争指導会議にせよ、その「御前」会議では、統帥からの陸軍参謀総長・海軍軍令部総長、政府からの陸軍大臣・海軍大臣、彼らは天皇大権のもとでそれぞれが縦割りで天皇にのみ直属する形態であった。

さらに、第一三条では「天皇ハ戦ヲ宣シ和ヲ講シ及諸般ノ条約ヲ締結ス」として、宣戦布告と講和条約についての天皇の権限を明確にする。「大日本帝国憲法義解」は、それを次のように解説する。

外国ト交戦ヲ宣告シ和親ヲ講盟シ及条約ヲ締結スルノ事ハ総テ至尊ノ大権ニ属シ議会ノ参賛ヲ仮ラス

〔伊藤博文 一八八九：二五頁〕

宣戦布告と講和条約、これらの権限も帝国議会にはなく（「議会ノ参賛ヲ仮ラス」）、天皇大権（「至尊ノ大権」）であった。立法権を持つ議会、しかし、宣戦布告と講和条約については、天皇大権がそれに超越している。

政府も天皇のみに責任を負う「輔弼」機関であった。第五五条は「国務各大臣ハ天皇ヲ輔弼シ其ノ責ニ任ス」として、「国務各大臣」は「臣民」としての国民に対しては責任を持たない。さらに、「大日本帝国憲法義解」では、それを次のように補足する。

第一大臣ハ其ノ固有職務ナル輔弼ノ責ニ任ス而シテ君主ニ代リ責ニ任スルニ非サルナリ第二大臣ハ君主ニ対シ直接ニ責任ヲ負ヒ又人民ニ対シ間接ニ責任ヲ負フ者ナリ第三大臣ノ責ヲ裁判スル者ハ君主ニシテ人民ニ非サルナリ何トナレハ君主ハ国ノ君主権ヲ有スレハナリ

〔伊藤博文 一八八九：八七頁〕

内閣を構成する大臣は、それぞれが天皇を「輔弼」し、総理大臣が代表して、また、内閣全体としてではない。たとえば、総理大臣は天皇に対してのみ、陸軍大臣も、海軍大臣も天皇にのみ直属する。政府もそれぞれの大臣が天皇にのみ責任を持つ。

最後に枢密院である。枢密院については、すでに、天皇の「諮詢」機関を規定するその第五六条と枢密院官制をみたが、「大日本帝国憲法義解」は、その目的を、「為政ノ慎重ヲ加フル所以《ゆえん》」であり、「諮詢」機関としての位置づけを次のようにいう。

枢密顧問ハ至尊ノ諮詢アルヲ待テ始メテ審議スルコトヲ得而シテ其ノ意見ノ採択ハ亦皆一ニ至尊ノ聖裁ニ由ルノミ　〔伊藤博文 一八八九：九三頁〕

枢密院は決定機関ではなく、「諮詢」機関であり決定権はなく、しかも、その審議は天皇の「諮詢」によってはじめて行なわれ、意見の採択は天皇（「至尊」）にゆだねられるとする。

これらよりみると、大日本帝国憲法と「大日本帝国憲法義解」は、軍事事項と戦争に関することがらすべてを天皇大権による決定とし、天皇大権のみがこれらの国家意思を決定する権限を持つと規定する。それのみならず、統帥・政府・帝国議会・枢密院のそれぞれ、さらには、これら国家機構における下部機関それぞれ（たとえば統帥における陸軍参謀総長と海軍軍令部総長、政府における総理大臣と陸軍大臣・海軍大臣など）も、天皇大権を発動することのできる天皇にのみ直属する。それぞれが縦割りで昭和天皇においてのみ統一される国家機構であった。

国家意思を決定できるのは、この国家機構では、唯一の統治権者である昭和天皇である。究極において、天皇親政を可能とする大日本帝国憲法と「大日本帝国憲法義解」であった。

そうであるとすれば、たとえ、大本営政府連絡会議および最高戦争指導会議に法制上の規定がなくとも、それらが「御前」会議であったとき、会議参加者それぞれがそれぞれにおいて昭和天皇への直属を規定されている以上、統治権者昭和天皇の決定は大日本帝国憲法を遵守、憲法にのっとった国家意思の決定であると理解しなければならない。超法規的措置ではない。

ポツダム宣言受諾、戦争終結は、大日本帝国憲法が規定する立憲君主制にのっとった国家意思の決定であった。昭和天皇のみが統治権を持つ立憲君主制、それを最高度に機能させたのが、大本営政府連絡会議および最高戦争指導会議の「御前」会議、さらには「聖断」であった。

# 第14章　一億総懺悔とは?

## 東久邇宮稔彦「聖断」内閣

八月一五日、「玉音」放送とそれに併行した枢密院会議のあと、午後二時三〇分鈴木貫太郎内閣は閣議を開き総辞職を決定する。午後三時二〇分鈴木総理大臣が「参内」、閣僚の辞表を提出、総辞職する（『朝日新聞』八月一六日一面「聖断を仰いで恐懼　鈴木内閣総辞職」、『読売報知』八月一六日一面「鈴木内閣総辞職」）。

後継内閣は皇族の東久邇宮稔彦内閣である。

東久邇宮稔彦の総理大臣選定は、「重臣」会議（それ以前は元老）によらず、木戸内大臣が平沼枢密院議長と相談のうえ推薦候補を決定、昭和天皇が任命した。

その作業は「玉音」放送以前にはじまった。八月一四日夕方、松平康昌内大臣秘書官長が、木戸内大臣の代理として、東久邇宮稔彦を訪問、鈴木内閣総辞職後の総理大臣就任を打診する［東久邇一九四七：一〇八頁］［東久邇一九五七：一九八頁］。鈴木内閣総辞職のあと、八月一五日午後三時五〇分から午後四時迄、昭和天皇が木戸内大臣を呼び、重臣会議ではなく木戸内大臣による総理大臣選定を指示、木戸内大臣は平沼枢密院議長と相談、推薦候補を選定すると返答する［木戸一九六六：

一二二六－一二二七頁〕。

東久邇宮稔彦を総理大臣候補することについて、八月一五日の『木戸幸一日記』は次のように記す。


四時半、平沼枢相の来室を求め、篤と協議の結果、首班に東久邇宮稔彦殿下の御出ましを願ひ、近衛公をして御助けせしむることに意見一致す。

午後五時、高松宮、同妃来室。

六時三十五分より同四十五分迄、御文庫にて拝謁、平沼枢相と協議の結果を言上、御嘉納を得たり。

〔木戸 一九六六：一二二七頁〕

東久邇宮内閣とは、事前の昭和天皇の指示のもとで、木戸内大臣が、平沼枢密院議長、おそらくは高松宮宣仁とも相談のうえ、近衛文麿（「近衛公」）を副総理格として入閣させ成立させた内閣と考えることができる。統帥特に陸軍を排除し「国体護持」を基本政策とする戦争終結派、また、彼らを権力基盤とするようになった昭和天皇による、東久邇宮内閣であった。

木戸内大臣の行動は素早く、この八月一五日夕方、再び、松平康昌内大臣秘書官長を東久邇宮邸に向かわせる。東久邇宮によると、それは次のような内容であった。

陛下の御放送を聴いたその夕、再び、松平内大臣秘書官長が来た。

――昨日は、鈴木総理が辞職するかも知れないと申上げましたが……昨日、阿南陸軍大臣が自決したので、いよいよ本日総辞職と決定、各大臣の辞表をとりまとめて、陛下の御前に提出しました。

（中略）

陛下には、この時局を非常に御心配になつて――鈴木内閣の後を、東久邇宮にやらせたらどうだろうか――との御考えであります。

〔東久邇一九四七：一一七－一一八頁〕

東久邇宮は総理大臣を引き受ける。この木戸内大臣の迅速な動きは、八月一五日早朝の阿南陸軍大臣自死による陸軍大臣の空席も影響したようであるが、昭和天皇の意思の反映でもあった。昭和天皇が召集する形式をとり戦争終結を決定した八月一四日午前中の最高戦争指導会議＋閣議合同の「御前」会議、それに続いて、この東久邇宮内閣成立についても、昭和天皇の意思であった。大日本帝国憲法が天皇の統治権による立憲君主制を規定する以上、昭和天皇の意思をそのまま反映させる内閣を誕生させることは可能であった。

これも高松宮宣仁のいう天皇親政と考えることができよう。

八月一六日午前九時、東久邇宮は「参内」、木戸内大臣から状況説明を受け、昭和天皇に「拝謁」、総理大臣就任を命令される。

この重臣会議によらない昭和天皇による皇族の東久邇宮総理大臣の選定は、新聞も正確に報道する。

『朝日新聞』八月一七日一面は、「東久邇宮殿下　組閣の大命拝す　組閣工作、順調に進捗」の見出し、「異例の大命降下　奏薦《そうせん》に重臣会議開かず」の中見出しのもと、次のように記す。

今回の大命降下の経過において特に注目されるのは次の二点である、それはまづ宮殿下に組閣の大命が降下したこと、第二は後継首班の奏薦にあたり従来の慣例であつた重臣会議の開催を見なかつたことである。第一の点において宮殿下に大命が降下した事例は、明治十八年内閣制度が創設せられ伊藤博文が初代内閣総理大臣に就任して以来鈴木内閣まで四十一代の歴代内閣中いまだかつてなかつたことである

この全く前例を見ない、しかも従来の段階では考へることの出来なかつた事例が起つたことは、今日の日本が如何なる段階にあるかをはつきりと示すものである、尊き金枝玉葉の御身をもつて組閣の大任に当らせられる東久邇宮殿下の御決意を御心境の程は拝察するだに畏き極みである。

第二に重臣会議が開かれなかつたこと

これも形式を全く破るものである、昭和十五年七月米内内閣総辞職にあたり時の木戸内府は御下問を賜はるや重臣会議を招集《（マヽ）》しこれに諮るといふ方式を採つた、爾来これが一つの形式となり、重臣会議の決定を以て後継首班を奏薦して来たものであつた

『読売報知』八月一七日一面トップは「東久邇宮稔彦王殿下　組閣の大命拝せらる」の見出しの

もと、「後継首班に聖断下る　畏し　御異例の皇族御召し」の横抜きを入れ、長文のリードで、次のように記す。

鈴木内閣は戦争の終結素地決定に当り一再ならず聖断を煩はし奉つた不明に恐懼十五日内閣の総辞職を決行したが、畏くも
天皇陛下におかせられては老首相に対し暫く政務を見よとの有難き御言葉を賜はりつゝ同時に内外事態の重要性に鑑みられ迅速に後継内閣の首班を決定新事態に対処せしめらるべき畏き大御心より十六日午前九時半宮中に軍事参議官陸軍大将東久邇宮稔彦王を召させられ親しく後継内閣組織の大命を下し給はつた素より皇族殿下にして内閣組織の大命を拝した事例は内閣制度創設以来はじめてのことで特に後継内閣首班については内大臣の主宰にかゝる重臣会議の奉答による形式を排せられ御親く重臣並に統帥部首脳の意向を徴せられ聖断を下し給ふたことは全く御異例で時局に対する畏き大御心は拝するだに恐懼感激の極みである

〔平出－原文〕

『朝日新聞』『読売報知』とも、皇族の東久邇宮総理大臣が、皇族であること、および、「重臣」会議によらない選定であることについて、特別な措置（「異例」）であることを説明、強調する。『読売報知』は、それが「聖断」であるという。

## 八月一七日午後七時、東久邇宮稔彦総理大臣の「国体護持」ラジオ放送

総理大臣に就任した東久邇宮は、石渡荘太郎宮内大臣を通して昭和天皇の許可のもと、赤坂離宮を組閣本部とする〔『朝日新聞』八月一七日一面「組閣に赤坂離宮を御拝借」〕〔『読売報知』八月一七日一面「赤坂離宮参入者」〕〔東久邇 一九四七：一二八頁〕〔東久邇 一九五七：二〇八頁〕。組閣本部が赤坂離宮であることも「聖断」内閣であることを示すかもしれない。

東久邇宮総理大臣は、緒方竹虎（一八八八－一九五六）を内閣書記官長、近衛文麿を副総理格の国務大臣として、組閣に着手、八月一七日午前中には閣僚選任を終了する。東久邇宮は、午前一〇時五五分「参内」し、閣僚名簿を提出、正午東久邇宮総理大臣の親任式、午後二時閣僚の親任式、その後、首相官邸で初閣議を開く〔『朝日新聞』八月一八日一面「東久邇宮内閣成立す」〕〔『読売報知』八月一八日一面東久邇宮内閣成立」〕。

東久邇宮総理大臣は、組閣当日八月一七日午後七時、首相官邸からラジオ放送により国民向けにその所信表明を行なう。東久邇宮総理大臣の所信表明は、このあとみる、八月二八日の共同記者会見、九月五日第八八臨時議会における施政方針演説が知られるが、その骨子はすでにこの組閣当日のラジオ放送に出尽くしている感さえある。

その内容は、翌八月一八日の新聞各紙も掲載し、東久邇宮総理大臣自身も『私の記録』（一九四七）でその要旨を紹介している。ここでは、比較的平易なことばで整理する『読売報知』八

月一八日一面「新内閣の施政方針　首相宮初放送」からみておきたい。

「特に憲法を尊重し詔書を基とし軍の統制秩序に努め時局の収拾に努力せよ」

との聖旨に拝せられた、誠に恐懼感激のほかなし、私の組閣方針も今後における施政の基調も一に全くこの大御心に副ひ奉る以外にはないのである、惟《おも》ふに大東亜戦争は世界の大勢と我国の現状とに鑑み非常の措置を以て収拾せられた、茲に至つたことは

陛下に対し奉り誠に申訳なき次第であるが同時に国体の有難さがこれ程ひし〱と胸に迫つたことはなく只々感謝の涙の溢れるを禁じ得ないものがある、聖断一度び下らば我等臣民己《おのれ》を捨てゝ翕然《きゅうぜん》これに帰一し奉る事実こそ我が国体の精華といふべきである、顧みれば戦局が不利になつて以来時に国体の護持をいふことが国民全体によつて唱へられるに至つたが国体の真の姿を顕現することこそ国体護持の第一歩であり総てであることを国民はこの際特に銘記しなければならないのである

陛下には爾臣民の衷情はよく知つてゐる、気持はよく分つてゐる、然し感情に走つて濫りに事端を滋《しげ》くしてはならぬと御訓《さと》し遊ばされてゐる、私はこゝに我が同胞、軍官民各位の全体に向つて厳粛に申上げる、今回の大詔の御精神、御誡《いまし》め、御訓しを臣民たるもの一人残らずよくこれを体し苟《いやしく》もこれにこれに背くが如き言動の許されないのは申すまでもないことであつて例へ聊《いささ》かなりともこれより逸脱するもののないことは私は深く信じて疑はない処である　［平出－原文］

東久邇宮内閣が施政方針の基本として掲げるのは、八月一六日午前九時東久邇宮が「参内」した際に、昭和天皇が総理大臣就任を命令、述べたという「特に憲法を尊重し詔書を基とし軍の統制秩序に努め時局の収拾に努力せよ」であった。昭和天皇は、大日本帝国憲法（「憲法」）と八月一四日のポツダム宣言受諾「詔書」に基づき、統帥の統制（「軍の統制秩序」）を要請している。

そのうえで、東久邇宮総理大臣のこのラジオ放送がもっとも強調するのは「国体護持」であった。「国体」が頻出する。ポツダム宣言受諾「詔書」によるといってよいだろう。さらに、その「国体護持」のなかに、「陛下に対し奉り誠に申訳なき次第」といい昭和天皇への懺悔を、また、「只々感謝の涙の溢れるを禁じ得ないものがある」と感謝を述べる。

八月一五日・一六日の新聞各紙による懺悔キャンペーンと同じである。

ポツダム宣言受諾「詔書」における「国体護持」と懺悔キャンペーンは表裏一体であった。ポツダム宣言受諾「詔書」は、大日本帝国憲法に基づく天皇の統治権継続を確認、それを「国体護持」の言葉により国民へ伝達した。それとともに始められたのが、新聞各紙による昭和天皇への懺悔キャンペーンであった。次なる段階として、東久邇宮総理大臣がその懺悔キャンペーンを引き取っている。

ポツダム宣言受諾「詔書」は、ポツダム宣言受諾、戦争終結の責任を、あからさまに原子爆弾に責任転嫁していた。そして、この懺悔キャンペーンである。東久邇宮総理大臣は、原子爆弾と懺悔キャンペーン、この二つのすり替えによって、戦争を起こしその戦争を無惨な終結へと導いた統治権者の事実をぼやかそうとしているかのようでもある。

## 八月二五日、「皇軍有終の美」の「勅諭」

東久邇宮稔彦内閣が組閣され、東久邇宮総理大臣が午後七時からこの「国体護持」と懺悔キャンペーンのラジオ放送を行なった八月一七日は、陸海軍人に対する「勅語」が出された日でもあった。それは、直接的には、軍人などの暴発事件を阻止し秩序維持するために、東久邇宮内閣がとった手段でもあった。この「勅語」は次のように結ぶ。

汝等軍人克《よ》ク朕カ意ヲ体シ鞏固ナル団結ヲ堅持シ出処進止ヲ厳明ニシ千辛万苦ニ克《か》チ忍ヒ難キヲ忍ヒテ国家永年ノ礎ヲ遺サムコトヲ期セヨ

〔『朝日新聞』八月一八日一面「畏し 陸海軍人に勅語を賜ふ」〔服部 一九六五：九四八頁〕

さらに、東久邇宮内閣は、八月二五日、完全な武装解除を指示する陸海軍人に対する「勅諭」を出す。[*1]

＊1　一九四五年（昭和二〇）八月一七日の「勅語」と八月二五日の「勅諭」は、『官報』で掲載を確認することができなかった。ここでは、『朝日新聞』と服部卓四郎『大東亜戦争全史』により、両者を照合した。

朕帝国陸海軍ヲ復員スルニ方リ朕カ股肱タル陸海軍人ニ告ク
朕深ク時運ニ稽ヘ干戈《かんか》ヲ戢《おさ》メ兵備ヲ撤セムトス　皇祖考ノ遺訓ヲ念ヒ汝等軍人多年ノ忠誠ヲ顧レハ切切トシテ胸次ヲ刺ス特ニ戦ニ殪《たお》レ病ニ死シタル幾多ノ将兵ニ対シテハ忡怛《ちゅうたつ》ニ勝ヘス
茲ニ兵ヲ解クニ方リ一糸紊《みだ》レサル統制下ノ下整斉迅速ナル復員ヲ実施シ以テ皇軍有終ノ美ヲ済スハ朕ノ深ク庶幾スル所ナリ
汝等軍人其レ克ク朕カ意ヲ体シ忠良ナル臣民トシテ各民業ニ就キ艱苦《かんく》ニ耐ヘ荊棘《けいし》ヲ拓キ以テ戦後復興ニ力ヲ致サムコトヲ期セヨ

〔『朝日新聞』八月二六日一面「陸海軍人に優渥なる勅諭」〔服部 一九六五：九五八頁〕〔闕字－原文〕

武装解除（「兵ヲ解クニ方リ」）を指示するだけではない。陸海軍の最後とする（「皇軍有終ノ美」）。

この「勅諭」も、第一義的には、この翌日八月二六日以降に予定されていたアメリカ軍の先遣隊進駐を前にして（台風の影響で二八日厚木到着）、陸海軍人の暴発予防の措置であった。GHQ最高司令官ダグラス・マッカーサー（Douglas MacArthur 一八八〇－一九六四）の進駐は八月三〇日である。

これを統治機構の修正とみることも可能であろう。統治権者の昭和天皇が、みずからを大元帥とする大日本帝国憲法の規定（第一一条「天皇ハ陸海軍ヲ統帥ス」）を放棄していた。それぞれにおいて昭和天皇に直属する統帥、「輔弼」する内閣、「諮詢」する枢密院、昭和天皇はそれらのうち統帥を完全に切り捨てることにより、「国体護持」を選んだ。六月二二日の「聖断」まではその権力基盤であった戦争継続派、統帥の陸海軍を解消させた。この切り捨てによって、統治権者の昭和天皇およびその権力基盤の戦争終結派は、「国体護持」を継続させようとしている。

　これは、戦争終結をはさんで国民に報らされた、よく知られる二つの表象を対照させるだけでも明確であろう。図4は三月一八日東京大空襲被災地を「行幸」する昭和天皇である。軍服を着ている。図5は九月二七日ダグラス・マッカーサーを訪問し彼と並立した昭和天皇である。ネクタイを締めモーニングを着ている。戦争終結をはさみこの間、六ヶ月余である。軍服を脱いだ昭和天皇であった。

図4　軍服を着た昭和天皇の東京大空襲被災地「行幸」写真［『読売報知』1945年3月19日一面］

　これをもって、戦争終結派の東久邇宮内閣が、戦争継続派から主導権を完全奪取したということもできる。すでにみたように、一九四四年（昭和一九）四月一二日、六月二二日、いまだ東條英機内閣が継続する時点で、東久邇宮は近衛文麿とともに、「国体護持」のために、戦争継続派の東條をスケープゴートにする策略をもっていた。それの成功、とどめが、この八月二五日の完全武装解除の「勅諭」であった。

　日本国のアジア太平洋戦争「戦後」の出発点は、この統帥をスケープゴートにした「国体護持」、統帥を排除したうえでの昭和天皇の統治権確保、その権力基盤である戦争終結派の主導権確保にあった。やがて、一〇月五日東久邇宮内閣総辞職、一〇月九日幣原《しではら》喜重郎（一八七二－一九五一）内閣成立とGHQの「戦後改革」の指示により、民主化をともなう「戦後」保守政治へとさらなる転換を遂げるが、アジア太平洋戦争終結時点に限定すれば、その国家意思は軍部を切り捨てることによる体制継続にあった。

図5 昭和天皇のダグラス・マッカーサー訪問写真
［『読売報知』1945年9月29日一面］

## 八月二八日、東久邇宮稔彦総理大臣の一億総懺悔記者会見①――「国体護持」

アメリカ軍先遣隊進駐と同日、GHQ最高総司令官ダグラス・マッカーサー進駐の八月三〇日から二日前の八月二八日、東久邇宮総理大臣は午後四時から約一時間、内閣記者団との記者会見を行なう。よく知られる一億総懺悔の記者会見である。

新聞各紙は、**図6**のように、八月三〇日一面に、同日のダグラス・マッカーサー進駐予定記事とともに、この記者会見を写真入り、一問一答式で掲載する。東久邇宮総理大臣が述べたのは、「国体護持」と懺悔の施政方針、戦争終結の原因、また、国民生活の向上などであった。

この一億総懺悔記者会見の内容を、平易に整理する『読売報知』八月三〇日一面「敗因を三省・総懺悔 五ヶ条の御誓文に還れ 民意に問ふ・近く総選挙」によってみてみよう。

まず、東久邇宮総理大臣は、記者から「国体護持」の基本方針について問われ、次のように答える。


国体の護持といふことは理屈や感情を超越した固いわれ〳〵の信仰である、祖先伝来われ〳〵の血液のうちに流れてゐるところの一種の信仰である、あたりから来るところの状況や風雨によつて決して動くものではないと信じてゐる、現在においては先日下されたるところの詔書を奉戴しこれを実践に移すことが国体を護持することである、また一方詔書を奉戴し外国から提出して来たところの条項を確実に忠実に実行することによつてのみわが民族の信用を回復し増加しもつてわが民族の名誉を保持し増強する所以だと思ふ、すなはち繰返して言へは詔書を奉戴し聯合国から示す条文を忠実に実行することが国体を護持しわが民族の名誉を保持する所以だと思ふ

「国体護持」は日本人の「信仰」であり不動の存在であり、それを実現するためには、ポツダム宣言受諾「詔書」とポツダム宣言を忠実に実行するべきであるという。

「国体護持」を説く国民向けのポツダム宣言受諾「詔書」と、民主化も含めるポツダム宣言との間には、明らかに矛盾がある。そうであるにもかかわらず、両者の実行が「国体護持」を実現する

讀賣報知

首相宮率直に御吐露
記者團と初の御會見

敗因を三省 總懺悔
五ヶ條御誓文に還れ
民意に問ふ近く總選擧

戰後建設への大經綸

聯合軍第一次主力けふ進駐
横須賀へ一萬七千
マッカーサー以下 厚木へ空路三千

戰力潰滅道義低下が敗因

國民皆農へ 既耕地再分配

図6 東久邇稔彦総理大臣の一億総懺悔記者会見［『読売報知』1945年8月30日一面］

という。

この内閣記者団との記者会見は、くりかえされてきた「国体護持」が冒頭であった。次に、記者が「戦敗」の「原因」、「敗因」を問いかける。

東久邇宮総理大臣の答えは四つあった。第一には「戦力の急速なる潰滅」、第二には「原子爆弾の出現とソ聯の進出」、第三には「我が国に適しないやうな統制」、第四には「国民道徳の低下」である。これらは「敗因」の質問への回答であり、戦争責任への回答ではない。それにより戦争責任をすり替えているかのような言質であった。

そして登場するのが一億総懺悔である。

事ゝに至つたのは勿論政府の政策がよくなかつたからでもあるが、また国民の道義の廃れたのもこの原因の一つである、この際私は軍官民全体が徹底的に反省し懺悔しなければならないと思ふ、一億総懺悔することが我国再建の第一歩であり我が国内団結の第一歩と信じる

戦争責任に対しての一億総懺悔ではなく、「敗因」に対しての一億総懺悔であった。それは、八月一五日・一六日の新聞各紙による懺悔キャンペーン、八月一七日午後七時東久邇宮総理大臣ラジオ放送による懺悔キャンペーン、これらの総仕上げであった。八月一五日・一六日・一七日の懺悔キャンペーンは昭和天皇に対して申し訳ないといい懺悔をくりかえした。そして、この東久邇宮総理大臣の記者会見は、昭和天皇を勝者とすることができず、敗者としてしまったことへの懺悔、「敗因」を作ってしまったことへの一億総懺悔であった。

## 八月二八日、東久邇宮稔彦総理大臣の一億総懺悔記者会見②――「五箇条の御誓文」

この記者会見は、一億総懺悔に続き、国民生活の安定、憲兵監視の停止、特別高等警察の修正（廃止ではない）、そして、平和的国際交流をうたう。結びは、「五箇条の御誓文」であった。東久邇宮総理大臣が読んだそれは次のようなものであった。

以上いろいろとお話ししたが要約すれば明治元年三月十四日、明治天皇のくだされた五ヶ条の御誓文即ち

一、広く会議を興し万機公論に決すべし
一、上下心を一にして盛に経綸を行ふべし
一、官民一途庶民に至る迄各々其志を遂げ人心をして倦まざらしめんことを要す
一、旧来の陋習を破り天地の公道に基くべし
一、知識を世界に求め大に皇基を振起すべし
『我国未曽有の変革を為さんとし、朕躬を以て衆に先んじ、天神地祇に誓ひ大に斯国是を定め万民保全の道を立てんとす、衆亦此旨趣に基き協心努力せよ』
と御諭しになつてゐる、この際この御誓文を再び誦《よ》み奉つてわれわれ国民はこの国難に善処しなければならないと思つてゐる

明治維新の「五箇条の御誓文」とは的外れの時代錯誤と感じられるかもしれない。しかし、東久邇宮総理大臣は意図的にこれを結びとしたと考えることができないだろうか。

「五箇条の御誓文」はいまだ戊辰戦争のさなか、一八六八年（慶応四・明治一）三月一四日、明治天皇が提示した新政府の指針である。その四ヶ月前の一八六七年（慶応三）一二月九日、薩長討幕派は王政復古の「沙汰」書により旧幕府から主導権を奪取した。明治天皇が薩長討幕派を権力基盤とする天皇政府を構築したのち、国民に向けてそれを宣言している。戊辰戦争を有利に働かせようとする意図があるが、「五箇条の御誓文」は天皇政府の確立を国民に示したものでもある。

この「五箇条の御誓文」は、京都「御所」正殿、紫宸殿《ししんでん》での正式な神事であった。武力で京都を

制圧した薩長討幕派によるクーデター、王政復古の「沙汰」書は、京都「御所」学問所で実行された〔宮内庁編 一九六八：五五七－五五八頁〕。しかし、この「五箇条の御誓文」は、天皇の即位式も行なわれる紫宸殿で（たとえば明治天皇の即位式は一八六八年八月二八日紫宸殿で行なわれた）、「天神地祇」を祀る「神座」を設営、その「天神地祇」に誓った〔宮内庁編 一九六八：六四七、八〇四頁〕。そうであるがゆえに「御誓文」なのである。

『明治天皇紀』によって紫宸殿でのこの「御誓文」の儀礼をみてみよう。

> 十四日 天皇紫宸殿に御し、公卿・諸侯以下百官を率ゐて親ら天神地祇を祀り、国是五箇条を誓ひたまふ、其の儀、神座を同殿母屋に東面に設け、公卿・諸侯は母屋に、殿上人は南廂に、徴士等は東廂に著座す、皆衣冠を著く、次いで塩水・散米の行事あり、次に神祇事務局督白川資訓《すけのり》、降神の神歌を奏す、次に献饌の事ありて後、天皇引直衣《ひきのうし》を著け、副総裁三条実美《さねとみ》・同岩倉具視《ともみ》・輔弼中山忠能《ただやす》・同正親町三条実愛《おおぎまちさんじょうさねなる》等を随《したが》へて出御、玉座に著御あらせらる、時に申の刻なり、玉座は南面にして右に斜に神座に向ひ、平敷にして囲むに四季屏風を以てす、乃ち実美をして祭文を奏せしめたまふ 〔宮内庁編 一九六八：六四七頁〕

紫宸殿東面に「神座」、南面に「玉座」を設営、副総裁三条実美（一八三七－九一）を筆頭に（総裁有栖川宮熾仁《ありすがわのみやたるひと》は東征大総督として戊辰戦争に出征のためであろう）、公卿・諸侯は紫宸殿母屋に、殿上人などは南廂・東廂に着座、塩水・散米のキヨメからはじめ、まずは、三条が「祭文」を読む。そのうえで、明治天皇が「幣帛の玉串を供し」、三条が「五箇条の御誓文」を朗読する。続いて、公卿・諸侯が「奉対誓約の書」に署名、当日不参加の「群臣」は後日来て署名、合計七六七人の署名があった。さらに、総裁・輔弼が副署する「告諭書」を国民に向けて布告している〔宮内庁編一九六八：六四八－六五二頁〕。

「五箇条の御誓文」とは、明治天皇が京都「御所」紫宸殿で臣下とともに正式に「天神地祇」に誓い、その権威と権力の正統性を国民に宣言した儀礼であった。そこには「万機公論」もあった。天皇を統治権者とする立憲君主制は、この「五箇条の御誓文」によって最初の確認が行なわれていた。

東久邇宮総理大臣が持ち出した「五箇条の御誓文」は時代錯誤ではない。いったん明治維新に回帰、天皇の神聖性による権威と権力の正統性、立憲君主制の原点を国民に向けて再確認させる意図を持ったと考えなければならない。

一八八九年（明治二二）二月一一日大日本帝国憲法も、最初、皇居内の宮中三殿の賢所で、次に、皇霊殿で、明治天皇が憲法制定を誓約する「告文《こうぶん》」を読み、さらに、神殿に参拝し、そのうえでの公布であった〔宮内庁編一九七二：二〇四－二〇六頁〕。賢所の祭神は皇室の祖先神の天照大神、皇霊殿の祭神は歴代天皇・皇族である。大日本帝国憲法が規定する立憲君主制、天皇の権威と権力の正統性の根拠は、「万世一系」とされる天皇がその祖先への誓約によって担保されたものであった。

東久邇宮総理大臣の一億総懺悔記者会見とは、「国体護持」の名のもとでの、昭和天皇の権威と権力の確認をするために、国民に向けた徹底したメッセージであるといってよいだろう。前半では、一億総懺悔を説き、戦争責任を「敗因」にすり替え、さらには一億総懺悔を国民に強いる。後半では、「五箇条の御誓文」に回帰、昭和天皇の権威と権力を国民に再確認させる情報操作であった。

東京湾アメリカ戦艦ミズーリ上での降伏文書調印は九月二日、わずか二日間の第八八臨時議会は九月四日と五日であった。東久邇宮総理大臣の施政方針演説は五日、そこでは戦力消耗による「敗因」の提出が中心であった。

# むすび

## 「聖断」と「玉音」放送の天皇親政

一九四五年(昭和二〇)八月一五日正午、昭和天皇の「玉音」放送、昭和天皇が国民向けのポツダム宣言受諾「詔書」を朗読、「聖断」とされる戦争終結を告げた。これは、統治権者昭和天皇が国民に戦争終結を命ずる天皇大権の行使であった。

本書は、この昭和天皇の権力発動について、最初に二つの課題を設定した。

第一には、この歴史の転換点を国家史として再構成、昭和天皇の権力行使の実態と権力基盤を明らかにすること、第二には、日本社会ではその権力発動が正確に認識されず、昭和天皇の恩恵であるかのような共同幻想すらあること、その原因の解明である。

これらについて、第一の点から整理しておきたいと思う。

「聖断」とされる昭和天皇が直接命令したポツダム宣言受諾の決定は、大日本帝国憲法が規定する統治権者昭和天皇による権力発動であり、国家意思の決定であった。ここでは、この「聖断」が三回あると考えた。

（1）六月二二日最高戦争指導会議構成員六人を召集し戦争終結を指示した直接行動。これは「御前」会議とは呼ばれないが、昭和天皇がその構成員を召集した。
（2）八月九日夜から一〇日未明最高戦争指導会議「御前」会議でのポツダム宣言受諾、戦争終結の決定。この最高戦争指導会議「御前」会議は、最高戦争指導会議の「奏請」により、昭和天皇の召集ではなかった。
（3）八月一四日最高戦争指導会議＋閣議合同「御前」会議でのポツダム宣言受諾、戦争終結の最終決定。この最高戦争指導会議＋閣議合同「御前」会議は、大本営政府連絡会議を含めそれまで一四回行なわれた「御前」会議がすべて「奏請」であったのに対して、昭和天皇による召集であった。

（1）（2）（3）いずれにおいても、他のほとんどの「御前」会議とは異なり、昭和天皇は発言した。それは戦争終結の命令であった。特に、ここで重視したいのは（1）（3）である。（1）（3）は昭和天皇の召集「御召」であった。そこで、昭和天皇が最高戦争指導会議構成員＋閣僚に戦争終結を直接命令した。二重の意味で絶対的な命令となった。ひとつは統治権者昭和天皇がその「臣民」でもある最高戦争指導会議構成員＋閣僚を召集「御召」したこと、もうひとつはその召集「御召」した場で彼ら「臣民」に戦争終結の国家意思を告げその遂行を命令していることである。
「聖断」とは統治権者昭和天皇の国家意思決定にとどまらない。それの遂行を直接「臣民」に命令する行動でもあった。それは、これら「御前」会議に出席する「臣民」への命令であるのみならず、ポツダム宣言受諾「詔書」を朗読した「玉音」放送により「臣民」全体への直接的命令ともなった。

昭和天皇の弟、直宮の高松宮宣仁の言葉を借りれば、昭和天皇はアジア太平洋戦争終結の国家意思決定において天皇親政を実行していた。「玉音」放送とは「臣民」全体に対する天皇親政である。しかし、これは超法規的措置ではない。大日本帝国憲法が規定する天皇の統治権、天皇大権を、昭和天皇みずからが直接行動によって行使したものであった。

それでは、昭和天皇をして、この天皇親政、「聖断」と「玉音」放送にいたらしめた要因は何だったのであろうか。それは、昭和天皇における天皇王朝存続の危機感であった。国民のため、国民の犠牲に配慮したものであったのかどうかについては、疑問を持たなければならない。昭和天皇は天皇王朝の象徴「三種の神器」とともに最期を考えるほどの危機感のなかにあった。

この危機感が「聖断」と「玉音」放送をもって、高松宮宣仁のいう天皇親政を実現させていた。大日本帝国憲法が規定する天皇の統治権、それを最高度に機能させたのが「聖断」と「玉音」放送であった。歴史用語としての明治憲法体制は、ふつう一八九〇年代から日露戦争前後の国家体制を意味するが、一九四五年（昭和二〇）八月一五日まで大日本帝国憲法に改正はなかったのであえてこの明治憲法体制を使えば、最終段階のこの時点において、立憲主義のベールを脱ぎ、天皇に権力を集中させることのできる明治憲法体制をもっとも有効に機能させたのが、「聖断」と「玉音」放送であった。

明治憲法体制はその最終段階において、その崩壊への危機感が、天皇親政をも可能とするその根本的性格を引き出していた。

しかし、この頂点は終わりのはじまりでもあった。それは、統帥の切り捨て、天皇みずからが大元帥としての天皇を終焉させたのであり、それによる「国体護持」の模索であった。

この統帥の切り捨てによる「国体護持」の模索は、昭和天皇の権力基盤の転換をもたらした。六月二二日最高戦争指導会議構成員への戦争終結の命令までは、昭和天皇の権力基盤は統帥、特に陸軍の戦争継続派にあった。しかし、この戦争終結の命令は、昭和天皇をして、この戦争継続派を切り捨てさせ、一九四四年（昭和一九）七月東條英機内閣総辞職前後から形成されてくる戦争終結派に、その権力基盤を転換させた。

「玉音」放送のあと、一九四五年（昭和二〇）八月一七日組閣の戦争終結派の東久邇宮稔彦内閣は、「国体護持」のために統帥を切り捨て、昭和天皇の統治権を確保しようとする内閣であった。戦争終結と東久邇宮内閣の成立とは、戦争終結派が昭和天皇の権力基盤として内閣を構成、戦争継続派からその権力を完全奪取したことを意味する。

国家機構は常に機能している。その権力基盤に変動こそあれ、昭和天皇の統治権に揺らぎはなかった。大日本帝国憲法と法制上に規定された国家機構にそって戦争終結は決定され、「戦後」がはじまる。戦争終結は国家機構の断絶をもたらしたのではない。

やがて「国体護持」を修正させるＧＨＱ「戦後改革」による民主化、天皇の統治権を失効させ国民主権をうたう一九四七年（昭和二二）五月三日日本国憲法施行、一九五二年（昭和二七）四月二八日対日平和条約発効・日米安全保障条約発効が、「戦後」保守政権を生み出していくが、これらは戦争終結派からのさらなる転換のもとでの国家機構の修正であると考えたい。

## 「玉音」放送をめぐる共同幻想

本書が課題とした第二の点は、「聖断」と「玉音」放送が昭和天皇の権力発動であるにもかかわらず、日本社会では、それが正確に認識されず、昭和天皇の恩恵であるかのような共同幻想ですらあること、その原因の解明であった。

この原因は、「聖断」と「玉音」放送による権力発動に対して、昭和天皇の権威を前面に押し出し、それを隠蔽また認識させない情報操作にあった。情報局が指示した可能性が高い。当時の二大メディア、新聞とラジオがそれを担った。

被爆・被曝者の原民喜が「もう少し早く戦争が終ってくれたら」、林京子が「なして、もっと早う言うてくれん」と記したように、戦争終結は天皇大権に属する。ふつうの論理でいえば、その責任は昭和天皇にある。しかし、架空の物語さえも作った八月一五日・一六日新聞各紙の懺悔キャンペーン、八月一七日東久邇宮稔彦総理大臣のラジオ放送、八月二八日東久邇宮稔彦総理大臣の一億総懺悔記者会見に至るまで、政府とメディアは戦争責任を「敗因」責任にすり替え、それを国民に転化、くりかえし昭和天皇への懺悔へと誘導した。昭和天皇の権威を前面に押し出しての情報操作であり、この懺悔があたかも国民全員の事実であるかのような報道であった。

戦争責任は「敗因」責任にすり替わり、国民に転化されたその「敗因」責任は、昭和天皇への懺悔へと誘導された。「玉音」放送を聴かされた国民は、それが昭和天皇の権力発動であるにもかかわらず、昭和天皇への懺悔のために「玉音」放送を認識するよう刷り込まれた。

「敗因」は原子爆弾へも転化された。そして、被爆・被曝者は昭和天皇の恩恵の対象とされた。一九四五年（昭和二〇）九月一日新聞各紙一面につぎのような記事がある。『朝日新聞』では、見出しを「広島、長崎両市へ　侍従御差遣　畏し、戦災者に大御心」とする。この見出しは『読売報知』でも同文である。本文は次のようなものである。

天皇陛下には広島、長崎両市に於る原子爆弾による惨禍が甚大なる旨聞召され、その戦災者の上に厚き大御心を垂れさせ給ひ、両市へ侍従を御差遣の御沙汰あらせられた、広島市へは永積侍従が一日午後三時二十五分東京駅発、長崎市へは久松侍従が一日午後十時十分東京駅発列車で出発する、両市の被害状況を具さに視察、特に救護所にある戦災者を慰問、激励することになつてゐる

広島と長崎、原子爆弾の被災地への侍従の派遣が、昭和天皇の「大御心」とされていた。「玉音」放送の歴史的事実は、こうした情報操作によって、昭和天皇の権力発動でありながら、昭和天皇への懺悔、昭和天皇の恩恵として、異なる認識によって存在させられることになった。歴史的事実とは異なる〈歴史的事実〉が情報操作によって創出させられていた。共同幻想が歴史的事実にとって代わった。

しかし、この共同幻想の〈歴史的事実〉といえども、これまたひとつの歴史的事実というべきであろう。

「玉音」放送には二つの歴史的事実がある。昭和天皇の権力発動としてのそれ、もうひとつは、情報操作が創り上げた昭和天皇への懺悔と昭和天皇の恩恵である。前者のリアルな歴史的事実を重視するのか、後者の共同幻想の歴史的事実にとらわれたままとするのか、二者択一をせまるのではない。歴史的事実には、このようなリアルなそれと、それとは異なる共同幻想によるそれとがあり、後者のなかには情報操作による洗脳によってもたらされた認識体系によるものがあるのではないかということである。後者を歴史の記憶ということもできよう。「玉音」放送はこの二つの歴史的事実を持つ典型的歴史事象であった。

## 原爆症報道①——残留放射能

本書の最後を、「玉音」放送後の原子爆弾報道をもって終わらせたい。なぜならば、それが、人類史上最初（最初で最後でなければならない）の核兵器使用のリアルな現実を、はじめて国民に知らしめたからである。

これは逆説的であった。「敗因」が原子爆弾に転化され、情報局がその実態報道と「残虐」の強調を指示したことが、結果的に原子爆弾の現実を世に知らしめることになった。情報局の情報戦略は、戦争終結とともに、原子爆弾報道を全面解禁した。禁止・制限だけが情報操作ではない。報道の自由も情報操作のなかにあった。

ダグラス・マッカーサー進駐が八月三〇日、降伏文書調印が九月二日、GHQの言論及び新聞の自由に関する覚書が九月一〇日、プレス・コードについての覚書が九月一九日、ラジオ・コードについての覚書が九月二二日、九月に入りGHQの報道統制は本格化、原子爆弾報道も統制される。そのため、原子爆弾報道の自由は、八月一五日から八月末までのわずかな期間であった。それでも、この約一五日間、原子爆弾による被爆、直接的惨害のみならず、被曝、放射能汚染による原爆症の実態が報道される。

たとえば、八月一九日『朝日新聞』一面右中央は「惨禍の広島市　原子爆弾投下により瞬時に焦土と化し煙突一本を残すのみとなつた市街の一部」のキャプションのもと、瓦礫と焼野原の広島市街地を遠望する写真を掲載する。しかしそれのみで記事はない。同じく八月一九日『読売報知』二面左上段も「広島市の惨状　暴虐なる原子爆弾の投下により瞬時にして焦土と化し煙突一本のみ残つた広島市の一部」のキャプションのもと、『朝日新聞』と同じ写真を掲載する。これもそれのみで記事はない。図7がそれである。他紙もこの写真とキャプションにより同様の掲載であつた。

図7「広島市の惨状」写真［『読売報知』1945年8月19日二面］

情報局が写真と説明を各紙に与え掲載を強要した可能性があろう。証拠は残らないが、記事がなく、写真が同じ、キャプションがほぼ同じであることは、そこに統一的な指示があったことを推測させる。

しかし、各紙それぞれが独自取材により広島と長崎の被爆・被曝の実態を伝え、ときに、記者のルポルタージュといえる記事もある。

そうしたなかに、この人類初の核兵器使用について、それが致命的な殺傷能力を持つ爆発、巨大エネルギーの放出による被爆のみならず、放射能汚染による被曝、原爆症を示唆する記事もあらわれる。未知の兵器である。それを書いた記者も、原爆症について理解不充分であったことであろう。しかし、取材の事実が原爆症を推測させる。

『毎日新聞』八月二一日一面は、「暴虐原子爆弾・長崎の惨状」として、三枚の写真とともに、壊滅した長崎市を伝える。その記事の出だしは、「あり得べからざるやうな現実である、米英陣の誇称する原子爆弾が日本本土に落ちた時、大東亜戦は終結し、日本は無条件降伏といふ悲惨な姿において敗れ去つたのだ」であった。戦争終結「敗因」を原子爆弾に負わせる。

『毎日新聞』八月二三日二面トップの「世紀の恐怖　原子爆弾　残虐性更に暴露さる」も、この見出しにより「残虐」を強調する。中見出しは「傷者も漸次悶死　今後七十年間は生物の棲息不能廃墟両市戦争記念物に」、次のような記事をかかげる。

広島においては爆裂地点から半径十五キロ以内は人畜ならびに一切の生物を壊滅または殺傷せし

めてゐる、現在まで判明せる死者の数は六万以上で、この数はなほ増加し、負傷者の中からどんどん死者を生じてゐる現状である、これは負傷者の大部分は火傷で、しかもこの火傷は単なる火傷でなく、ウラニウムの特殊の作用によつて血球を破壊し、呼吸の非常なる困難を伴つて漸次悶死するのである、現在負傷者の数は約十二万以上であるが、この数は日々に減じて死者の数を増加せしめてゐるものである

放射能汚染による身体破壊（「ウラニウムの特殊の作用によつて血球を破壊」）の指摘であった。続けて次のようにもいう。

長崎にあつた工場は殆ど全部壊滅し、その残虐性はたゞに地上の生物にとゞまらず、日と共に地中のミヽズ、モグラにいたるまで死滅させる事実が判明した、これは地中に入つたウラニウムがラヂウム放射線を放出する結果と見られてある、だから爆裂後といへど被害地区を歩くものは人体に何等かの故障を生じつつあるといふ有様で広島、長崎共に今後こゝにまた市街を建設して復興することは困難で、これについては米国側においても「広島、長崎は今後七十年間は草木は勿論一切の生物は棲息不可能である」と怖るべき事実を放送してゐる

原子爆弾は人間のみならず地中の生物（「ミヽズ、モグラ」）までをも死滅させるという。それに加えて、残留放射能による被曝（「爆裂後といへど被害地区を歩くものは人体に何等かの故障」）をも伝えてい

る。

投下直後から原子爆弾の「残虐」を強調、また、「敗因」を原子爆弾に負わせようとした情報局（また外務省）の報道方針、それは戦争終結後も貫かれている。しかし、その報道方針は、被爆の「残虐」のみならず、徐々に判明してきた放射能汚染による被曝の「残虐」を強調するようにもなっていた。

皮肉なことであった。人類未知の核兵器使用について、そのはじめての被曝の報道、原爆症を世に知らしめた報道は、情報局の情報操作、「残虐」の強調が生み出していた。

## 原爆症報道②——移動演劇桜隊仲みどりの被曝死

八月二九日『朝日新聞』二面は、「肉塊に喰込む照射　救助の処置なし　擦り傷の女優遂に死す」の見出しのもと、独力で広島から東京まで脱出、東大病院で被曝死をとげた、移動演劇桜隊の俳優仲みどり（一九〇九－四五）の原爆症を報道する。報道は、東大病院の医師都築《つづき》正男（一八九二－一九六一）の談話からはじまる。

人類の滅亡を□□する原子爆弾の恐怖戦慄すべき威力は「広島の悲劇」以来二旬いろ〳〵の角度から発表されてきたが、こゝに新しく病理学的な立場からその筆舌に絶する史上未曾有の残虐性が明かにされた、当時かすり傷だけしか負はぬ程度の被害者が廿日後には毛髪は抜け落ち、血を腐らせて死んで行く事実——東大都築外科がその総力をあげても遂に□落してゆく若い生命を繋ぎとめ得なかつた事実こそは原子爆弾が如何に怖るべきものであるかを物語るものといへよう、語るはわが外科医学界の権威東大教授都築正男博士、犠牲として散つたのは丸山定夫氏夫妻（高橋豊子さん）らとともに広島市で罹災した移動演劇団の花形仲みどりさんである、同劇団十七名は爆心附近にあつて厄に遇ひうち十三名は即死、生残つた丸山氏ら四名も数日後には次々とたふれ東大に入院した仲さんが最後のひとりとして廿四日死亡したのである

原子爆弾の「残虐」を強調、それは、原爆症による被曝死として語られる（「当時かすり傷だけしか負はぬ程度の被害者が廿日後には毛髪は抜け落ち、血を腐らせて死んで行く事実」）。桜隊の事実関係に若干の誤りもあるが、名優丸山定夫（一九〇一 - 四五）の死亡も伝える。

仲みどりの被曝は次のようなものであった。

患者は三十歳前後の極めて健康な女性であつた、入院の日は十六日で罹災後ちやうど十日目、この十日間の経過は極度の食欲不振以外にさしたる障害はなかつたものと認められる、といふのは当日広島市□□デパート附近即ち爆心に近い地点で罹災した時は二階にあつて家は潰れ背中に軽い擦過傷を負つたに過ぎず、火傷も骨折もないまゝに本人はひとりで汽車に乗り東京の家へ帰つてきたことでもよく判る、帰京後の衰弱は日に加はりわづかに水が飲める程度で全然食慾を感じなかつた、入院後直ちに血液検査を行つたところ大きな変化が認められた、すなはち白血球が非

常に少く普通一立方ミリメートルに六千乃至八千あるべきものが五百乃至六百程度で約十分の一に減じてをり、赤血球は四百五十万くらゐあるべきところ三百万程度になりしかもその抵抗が著るしく微弱になってゐた

桜隊は爆心地に近い地点にいた。仲は、倒壊家屋の二階にいながらも、軽い擦過傷であった。自力で東京の自宅まで脱出、八月一六日東大病院を訪ね即日入院。しかし衰弱、東大病院の検査では、白血球の異常な減少、血液に顕著な変化がみられたという。

警戒しつゝ万全の加□をつゞけてゐるうち入院四日目、罹災後ちやうど二週間目に至つて頭髪が抜けはじめ、同時に当初軽微だつた背中のすりむきが急激に悪化してきた、直ちに輸血その他手当を加へ本人も元気一杯頑張つてゐたが、二十四日罹災十九日目に急変死亡するにいたつた、解剖の結果は内臓に顕著な変化を認めた、即ち造血臓器たる骨髄、肝臓、□蔵、腎臓、淋巴腺等が著しく□はれてゐたのであつて、これはレントゲン線、ラヂウム線を強く作用させた際の症状に全く一致すると断定されたのである、かくて従来原子爆弾の及ぶ範囲は爆風による破壊と、熱線による火傷のふたつに考へられてゐたが、さらに「放射能物質」の作用による□□□がこゝに証明されたのである

八月二四日仲みどりは死亡した。解剖の結果、骨髄、肝臓をはじめ内臓、リンパ腺が破壊されて

いた。身体を内部から破壊する放射能汚染、原爆症死亡の最初の認定者となった。

徳川夢声『夢声戦争日記』八月二四日「私は国民的恐怖以上の恐れを直感する」

移動演劇桜隊、彼ら・彼女らの死亡の復原は、江津萩枝『桜隊全滅――ある劇団の原爆殉難記』（一九八〇）、新藤兼人脚本・監督映画『さくら隊散る』（一九八八）が詳しい。

八月六日、広島にいた桜隊メンバーは九人であった。そのうちの五人、俳優島木つや子（笠つや子 一九二三―四五）・衣装係兼世話係笠絅子《けいこ》（島木つや子の母 一九〇四―四五）・俳優森下彰子（一九二二―四五）・俳優羽原京子（?―一九四五）・桜隊事務長槇村浩吉の妻小室喜代（一九一五―四五）は、原子爆弾によって倒壊、火災で焼失した家屋跡から骨となって発見された［江津 一九八〇：七五―七六、一六一―一六八頁］。脱出できたのは四人であった。丸山定夫は宮島まで脱出、しかし、八月一六日移動演劇珊瑚座の仲間の看護のもと宮島の寺院で死亡した。舞台監督兼俳優高山象三（一九二四―四五）・俳優園井恵子（袴田トミ 一九一四―四五）は、神戸の園井の知人宅まで脱出、しかし、高山は八月二〇日、園井は八月二一日死亡した［江津 一九〇八：八二―八四、九三―九九頁］。

仲みどりの入院から死亡までは次のようなものであった。

一六日。体温三十七度七分。コンムニン、一cc、夜間の体温三十七度三分。

一七日。脱毛が始まり、背部の傷が急に悪化。体温三十八度三分。コンムニン、一cc、破傷風血清、二cc（中略）。

一八日。体温三十七度台に下り、小康。傷口の悪化は止らず、コンムニン、一cc。

一九日。体温三十九度近くに上昇、胸、腹部に苦悶あり、傷口悪化。コンムニン、一cc。

二〇日。体温、午後三十九度五分、苦悶あり。脱毛甚しく、背、左肩の傷悪化、皮下出血を見る。コンムニン、一cc。リンゲル液、二百cc。輸血をする（中略）。

二一日。背及び左肩の創の周囲に硬結あり、悪性潰瘍の如き観を呈す（中略）。体温、午後四十度近く、脈搏九〇。コンムニン。一cc。リンゲル、二百cc。輸血。

二二日。体温、昼四十度。脈搏九十八。血液検査の結果、白血球数三百。コンムニン、一cc。リンゲル液、二百cc。輸血。

二三日。注射部位に汚らしき創を生ず。躯幹に散在性米粒大の点状出血を見る（溶血現象）。体温三十九度八分。脈搏九十九。コンムニン、一cc。リンゲル液、二百cc。輸血。

二四日。この日午前中、苦悶がうすらいでいて、ベッドの上に座り、「少し元気が出た」と清水担当医に本人が言いました。

体温は、朝三十九度八分、脈搏百。コンムニン、一cc。五%葡萄糖液、百cc。きわめて静かにして、微笑をうかべたりしていた。が昼の検温で四十度四分。脈搏百五十八。

清水担当医が昼食をとるために、

「仲さん、ちょっと行ってくるよ」

と言って病床を離れ、病院の前のテニスコートの向こうにあった食堂に着くとすぐ看護婦からの電話で急変が知らされ、急いで病室に駈けつけたが、仲はすでに亡くなっていました。

［江津 一九八〇：一〇六－一〇七頁］

白血球の異常な減少、悪性腫瘍、原爆症におかされ身体が内部から破壊されていた。
丸山定夫・園井恵子はじめ桜隊メンバーと交流が深く共演者でもあった徳川夢声は、八月二四日、父母に抱かれ遺骨となって東京の自宅に帰った高山象三を訪ねる。園井恵子の遺骨とも対面する。辞去しようとしたとき、仲みどり死亡の報らせが入る。

私が辞する頃、本日十二時四十五分、仲みどり嬢が息を引き取つた、という報告があつた。これであの時広島にいた座員は、全部死んで了《しま》つた訳だ。

［徳川夢声 一九六〇：一七六頁］

徳川夢声は次のようにもいう。

恐るべき威力が、次々と分明するにつれ、私は国民的恐怖以上の恐れを直感する。

［徳川夢声 一九六〇：一七五頁］

# あとがき

すべての存在が歴史になるわけではない。歴史とは、未来の人間が過去のほんの一部分、残された痕跡を、特定の意図によって切り取り、あるいは、無自覚なまま再構成したものである。

一九四五年（昭和二〇）八月一五日の「玉音」放送についても同じことがいえる。本書は、「玉音」放送についての痕跡を、資料としての意味に転換させ、歴史を再構成してみた。

この痕跡について、当事者が意図的に残そうとしたそれと、隠滅しようとしたそれとがあるのではないかと考えた。

たとえば、「玉音」放送が、実際にはリアルタイムの生放送ではなく、昭和天皇がポツダム宣言受諾「詔書」を朗読し録音したレコード版をラジオ放送で流したこと、国民がそれを襟を正して聴いた（聴かされた）こと、これらは、残しても問題ないとされた。あるいは、積極的に吹聴された。新聞紙の架空の記事のような、フェイク情報の捏造さえもあった。いっぽう、「玉音」放送また原子爆弾について、その事実が隠蔽された部分があった。その隠蔽工作じたいが隠蔽された可能性もある。

本書は、「玉音」放送また原子爆弾について、当事者が意図的に残そうとした痕跡だけではなく、逆に、意図的に消し去ろうとした痕跡についても、歴史叙述のための資料とした。真逆の二方向の意図、それらをもって、八月一五日をめぐる国家意思、権威と権力の実態を明らかにしようと試みた。

しかし、隠蔽された事実、証拠隠滅された事実から、歴史を再構成することは難しい。その痕跡が断片的にでも残れば、その破片を繫ぎ合わせ、再構成を可能とするが、完全抹消されたばあい再構成することはできない。そもそもその存在に気づくことができない。ここでは、完全抹消は不可能で、状況証拠による再構成、考古学が実践してきたようなミクロな世界への着眼が、不可能を可能にすると考えたいが、どうであろうか。

本書では、隠蔽された事実、証拠隠滅された事実を再構成するにあたり、この状況証拠を重視した。時間の順序に沿った再現、複数新聞紙面の比較、架空の記事フェイク情報の看破である。断片的といえども、痕跡が残れば、隙間があるとしても、埋めることのできた部分によって、全体像の再構成は可能となろう。これはフィールド・ワークの方法と類似するかもしれない。フィールド・ワークはヒアリング調査と思われているようであるが、そうではなく、参与観察・景観分析・物質分析・ヒアリング調査などによる現実社会の総合的把握の方法である。眼前に存在する状況証拠をもってそれを資料化する。俗ないいかたであるが、ミス・マープルやポワロ、ドルリー・レーン、フェル博士が状況証拠から真犯人を突き止める方法である。

わたしの世代は親が兵隊にいった最後の世代であろう（かつてわたしの田舎では海軍も兵隊といっていた）。父は現役ではなく志願であった。鹿児島県岩川にいたが、戦争終結時は熊本県人吉にいたという。戦争終結を聴き、どさくさに物資を持ち帰ろうとしたり階級をあげようとした人もいたらしいが、父はすたすた汽車・電車を乗り継いで静岡まで帰ってきたという。その父も、また、母もすでに亡い。

父は靖国神社に行ったことがなかった。二〇年余前であったろうか、用事で上京、時間がすこし余ったので、どこか近場に行ってみようという話になった。靖国神社が近かったので二人で行った。境内地を歩いた。何を言い出すのかと思ったところ、「こういうところは偉れえ衆のくるところで、俺にはちょっと……」であった。それで東京駅に向かっていった。

肉親が兵隊に行ったというのは、かえってその話は聞きづらい。それでも、なにかの折に断片を話すことがあった。わたしのばあい、多少なりとも、ふつうの生活のなかで、直接に戦争経験を聞いたということになろう。

このようなことで、その親が兵隊に行った最後の世代が、戦争終結についてまとめてみた。今回も、二〇一八年(平成三〇)の『日本鎮魂考』、二〇二〇年(令和二)の『靖国神社論』に続いて、菱沼達也さんの手をわずらわせた。細部にいたる調整、細やかな配慮をいただいた。厚く御礼申し上げる。

二〇二三年(令和五)春

岩田重則

# 参考文献


赤澤史朗
二〇〇五 「天皇の戦争責任論への射程」、成田龍一他編『岩波講座 アジア・太平洋戦争 2 戦争の政治学』、東京：岩波書店、二三五－二六〇頁。
『朝日新聞』（朝日新聞東京本社版）
朝日新聞百年史編修委員会編
一九九一 『朝日新聞社史 大正・昭和戦前編』東京：朝日新聞社。
有山輝雄
一九九三ａ 「八月一五日と新聞――占領期メディア史研究」、成城大学文芸学部編『成城文藝』第一四三号、東京：成城大学文芸学部、一－三四頁。
一九九三ｂ 「同盟通信社解散 占領期メディア史研究」、有馬学・三谷博編『近代日本の政治構造』東京：吉川弘文館、三五八－三八九頁。
二〇〇三 「戦後日本における歴史・記憶・メディア」、メディア史研究会編『メディア史研究』第一四号、東京：ゆまに書房、三－二五頁。
有山輝雄・西山武典編
二〇〇〇ａ 『情報局関係資料 第一巻』（近代日本メディア史資料集成 第二期）、東京：柏書房。
二〇〇〇ｂ 『情報局関係資料 第二巻』（近代日本メディア史資料集成 第二期）、東京：柏書房。
粟屋憲太郎編
一九八〇 『資料 日本現代史 第二巻 敗戦直後の政治と社会①』東京：大月書店。
家永三郎
一九八五 『戦争責任』東京：岩波書店。
池田純久
一九五八 『陸軍葬儀委員長――支那事変から東京裁判まで』東京：日本出版共同株式会社。

石川準吉
一九七六『国家総動員史 資料篇第四』神奈川：国家総動員史刊行会。
伊藤整
一九八三『太平洋戦争日記㈢』東京：新潮社。
伊藤隆編
二〇〇〇『高木惣吉 日記と情報下』東京：みすず書房。
伊藤博文
一八八九『帝国憲法 皇室典範 義解』東京：国家学会。
稲葉正夫編
一九六七『現代史資料（37）大本営』東京：みすず書房。
入江相政
一九九〇『入江相政日記 第一巻』東京：朝日新聞社。
入江相政編
一九八〇『宮中侍従物語』東京：TBSブリタニカ。
岩田重則
二〇一七『天皇墓の政治民俗史』東京：有志舎。
内村芳美編
一九七五『現代史資料 第四一巻 マス・メディア統制2』東京：みすず書房。
江津萩枝
一九八〇『桜隊全滅――ある劇団の原爆殉難記』東京：未來社。
大江志乃夫
一九九一『御前会議――昭和天皇十五回の聖断』（中公新書一〇〇八）東京：中央公論社。
大屋久寿雄
一九四五『終戦の前夜――秘められたる平和工作の諸段階』（時事叢書6）東京：時事通信社。
岡田啓介述
一九五〇『岡田啓介回顧録』東京：毎日新聞社。

岡部長章
一九九〇『ある侍従の回想記――激動時代の昭和天皇』東京：朝日ソノラマ。
小園泰丈
一九八四「「今昔物語」――八月十五日の巻」、東京：女たちの現在を問う会編『銃後史ノート』復刊第六号、東京：女たちの現在を問う会、二二四－二二五頁。
外務省編
一九五二a『終戦史録 上巻』東京：新聞月鑑社。
一九五二b『終戦史録 下巻』東京：新聞月鑑社。
一九六六『日本外交年表竝主要文書 下巻』（明治百年史叢書）東京：原書房。
鹿島平和研究所編
一九七二『日本外交史 第二五巻 大東亜戦争・終戦外交』東京：鹿島研究所出版会。
加瀬英明
一九七四「天皇家の戦い 第二十三回「陛下に詫びよう」」、『週刊新潮』第一九巻第四〇号、東京：新潮社、九二－九五頁。
二〇〇五「捏造された「宮城前号泣記事」」、飯窪成幸編『文藝春秋』第八三巻第二号、東京：文藝春秋社、二九六－二九七頁。
鹿野政直
一九九〇「八・一五になぜこだわるか」、『朝日新聞』一九九〇年八月一五日夕刊三面。
一九九八『歴史を学ぶこと』（岩波 高校生セミナー1）東京：岩波書店。
『官報号外』
北山節郎
一九九六『ピース・トーク――日米電波戦争』東京：ゆまに書房。
木戸幸一
一九六六『木戸幸一日記 下巻』東京：東京大学出版会。
木下秀夫
一九七一「陸軍中佐を女にする」、杉村友一編『文藝春秋』第四九巻第一五号、東京：文藝春秋社、二九二－三〇〇頁。

木下道雄
一九九〇『側近日誌』東京：文藝春秋社。
共同通信社「近衛日記」編集委員会
一九六八『近衛日記』東京：共同通信社開発局。
『京都新聞』（京都新聞社）
宮内庁編
一八六八『明治天皇紀 第一』東京：吉川弘文館。
一九七二『明治天皇紀 第七』東京：吉川弘文館。
纐纈厚
二〇〇六『「聖断」虚構と昭和天皇』東京：新日本出版社。
二〇一三『日本降伏——迷走する戦争指導の果てに』東京：日本評論社。
国立国会図書館憲政資料室 下村宏関係文書。
迫水久常
一九四六「降伏時の真相」、時局月報社編『雑誌「自由国民」特輯』第一九巻第二号、東京：時局月報社、五六－七八頁。
一九六四『機関銃下の首相官邸——2・26事件から終戦まで』東京：恒文社。
笹本征男
一九九五『米軍占領下の原爆調査——原爆加害国になった日本』、東京：新幹社。
佐藤卓己
二〇〇五『八月十五日の神話——終戦記念日のメディア学』（ちくま新書五四四）東京：ちくま書房。
佐藤毅
一九八七「新聞」、南博・社会心理研究所編『昭和文化——一九二五－一九四五』東京：勁草書房、二五七－二八六頁。
佐藤尚武
一九六三『回顧八〇年』東京：時事通信社。
参謀本部編
一九六七a『杉山メモ——大本営・政府連絡会議等筆記 上』東京：原書房。

一九六七b　『杉山メモ――大本営・政府連絡会議等筆記 下』東京：原書房。
参謀本部所蔵編
　一九八九　『敗戦の記録〈普及版〉』東京：原書房。
篠田康雄
　一九九二　「吾が人生に悔いはなし」、神社新報社編『年輪を重ねて――明治生まれの神職は語る』東京：神社新報社、二二五－四三頁。
渋沢栄一
　一九一八　『徳川慶喜公伝 三』東京：龍門社。
清水幾太郎
　一九五三　「占領下の天皇」、布川角左衛門編『思想』第三四八号、東京：岩波書店、四－一二頁。
下村宏（海南）
　一九四八　『終戦記』東京：鎌倉文庫。
　一九五〇　『終戦秘史』東京：大日本雄弁会講談社。
主婦の友社編
　一九七一　『貞明皇后』東京：主婦の友社。
上丸洋一
　二〇〇九　「検証 昭和報道 八・一五 朝刊の謎4」、『朝日新聞』二〇〇九年八月一〇日夕刊八面。
末松謙澄編
　一九一三　『防長回天史 第五編下 九』東京：末松春彦。
鈴木貫太郎
　一九四六　『終戦の表情』（月刊労働文化別冊）東京：労働文化社。
高木惣吉
　一九四八　『終戦覚書』（アテネ文庫12）東京：弘文堂。
　一九五一　「連合軍進駐の前後」、吉野源三郎編『世界』第六八号、東京：岩波書店、一五六－一六二頁。
高桑幸吉
　一九八四　『マッカーサーの新聞検閲――掲載禁止・削除になった新聞記事』東京：読売新聞社。

高橋博子
　二〇〇八『封印されたヒロシマ・ナガサキ――米核実験と民間防衛計画』東京：凱風社。
高原四郎
　一九八三「敗戦の実感」、牧野喜久男編『決定版 昭和史第一二巻』、東京：毎日新聞社、一四八頁。
高見順
　一九六四『高見順日記 第四巻』東京：勁草書房。
　一九六五『高見順日記 第五巻』東京：勁草書房。
竹山昭子
　一九八九『玉音放送』東京：晩聲社。
　一九九四『戦争と放送』東京：社会思想社。
茶園義男
　一九八九『密室の終戦詔勅』東京：雄松堂出版。
『中国新聞』（朝日新聞西部本社）
妻木忠太編
　一九三〇『木戸孝允文書 第二』東京：日本史籍協会。
寺崎英成
　一九九一『昭和天皇独白録 寺崎英成御用掛日記』東京：文藝春秋社。
『東奥日報』（東奥日報社）
『東京新聞』（東京新聞社）
東郷茂徳
　一九五二『時代の一面――大戦外交の手記』東京：改造社。
東京大学史料編纂所所蔵『大日本維新史料稿本』。
同盟通信社調査部編
　一九四〇『国際宣伝戦』、東京：高山書院。
徳川夢声
　一九六〇『夢声戦争日記 第五巻 昭和二十年』東京：中央公論社。

徳川義寛
一九九九『徳川義寛終戦日記』東京：朝日新聞社。
富田健治
一九六二『敗戦日本の内側――近衛公の思い出』東京：古今書院。
富永謙吾
一九七〇『大本営発表の真相史』、東京：自由国民社。
鳥居英晴
二〇一四『国策通信社「同盟」の興亡――通信記者と戦争』東京：花伝社。
『長崎新聞』（長崎新聞社）
仁科記念財団編
一九七三『原子爆弾――広島・長崎の写真と記録』東京：光風社書店。
日本放送協会編
一九七七a『放送五十年史』東京：日本放送出版協会。
一九七七b『放送五十年史 資料編』東京：日本放送出版協会。
長谷川才次
一九四六「終戦前後一週間」、松尾精吉編『太平』第二巻第一号、東京：時事通信社、五二－五五頁。
一九六四「八月十五日への道――命がけでポツダム宣言受諾」、『中央公論』第七九年第八号、東京：中央公論社、二三八－二四四頁。
長谷川才次・山本正雄
一九四八「崩壊の前夜――三たび歴史の日を迎えて」、平田貫一郎編『女性改造』第三巻第八号、東京：改造社、二八－三三頁。
秦郁彦編
二〇一三『日本近現代人物履歴事典』東京：東京大学出版会。
服部卓四郎
一九六五『大東亜戦争全史』東京：原書房。
羽鳥知之

一九九一　「終戦直後の新聞統制」、東洋文化新聞研究会編『新聞資料ライブラリー紀要』第三号、東京：東洋文化新聞研究会新聞資料ライブラリー、一三 - 一六頁。
林京子
一九七五　「祭りの場」、大村彦次郎編『群像』第三〇巻第六号、東京：講談社、二四 - 六〇頁。〔『林京子全集 第一巻』（二〇〇五、日本図書センター）所収〕
一九九五　「九日から十五日へ」、小学館編『女たちの八月十五日――もうひとつの太平洋戦争』（小学館ライブラリー六八）、東京：小学館、二二五 - 二二八頁。
林三郎
一九五一　「終戦ごろの阿南さん」、吉野源三郎編『世界』第六八号、東京：岩波書店、一六三 - 一七一頁。
原民喜
一九四七a　「夏の花」、富田正文編『三田文学』第一〇号、東京：能学書林、二〇 - 三〇頁。〔『定本 原民喜全集 Ⅰ』（一九七八、青土社）所収〕
一九四七b　「廃墟から」、富田正文編『三田文学』第一二号、東京：能学書林、三七 - 四八頁。〔『定本 原民喜全集 Ⅰ』（一九七八、青土社）所収〕
ハリー・S・トルーマン（加瀬俊一監修・堀江芳孝訳）
一九六六　『トルーマン回顧録 一』東京：恒文社。
東久邇稔彦
一九四七　『私の記録』東京：東方書房。
一九五七　『一皇族の戦争日記』東京：日本週報社。
久富達夫追想録編集委員会編
一九六九　『久富達夫』東京：久富達夫追想録刊行会。
広島県編
一九七二　『広島県史 原爆資料編』広島：広島県。
深井英五
一九五三　『枢密院重要議事覚書』東京：岩波書店。
藤田尚徳

一九六一『侍従長の回想』東京：講談社。
藤原彰
一九九一『昭和天皇の十五年戦争』東京：青木書店。
『法令全書』
保科善四郎
一九七五『大東亜戦争秘史――失われた和平工作』東京：原書房。
細川隆元
一九六五『朝日新聞外史〈騒動の内幕〉』東京：秋田書店。
細川護貞
一九七八『細川日記』東京：中央公論社。
『毎日新聞』（毎日新聞社）
松浦総三
一九八四『松浦総三の仕事②戦中・占領下のマスコミ』、東京：大月書店。
松永潤治編
一九四九『皇居』東京：トッパン。
松前重義
一九六九「終戦に導いた原爆の報告」、久富達夫追想録編集委員会編『久富達夫』東京：久富達夫追想録刊行会、二八八－二九〇頁。
モニカ・ブラウ（立花誠逸訳）
一九八八『検閲 一九四五－一九四九――禁じられた原爆報道』、東京：時事通信社。
矢部貞治
一九五一『近衛文麿 上』東京：近衛文麿伝記編纂刊行会。
一九五二『近衛文麿 下』東京：近衛文麿伝記編纂刊行会。
一九七四『矢部貞治日記 銀杏の巻』東京：読売新聞社。
山川静夫
二〇〇三『そうそう そうなんだよ――アナウンサー和田信賢伝』（岩波現代文庫 文芸七三）、東京：岩波書店。

山崎正勝
二〇一一　『日本の核開発一九三九‐一九五五――原爆から原子力へ』東京：績文堂。
山田朗
一九九〇　『昭和天皇の戦争指導』東京：昭和出版。
一九九四　『大元帥・昭和天皇』東京：新日本出版社。
吉田裕
二〇〇五　「戦争責任論の現在」、成田龍一他編『岩波講座 アジア・太平洋戦争 1 なぜ、いまアジア・太平洋戦争か』、東京：岩波書店、八七‐一二四頁。
読売新聞社編
一九八八　『天皇の終戦――激動の二二七日』東京：読売新聞社。
『読売報知』（読売新聞社）
陸軍省編
一九六六a　『明治天皇御伝記史料 明治軍事史 上』東京：原書房。
一九六六b　『明治天皇御伝記史料 明治軍事史 下』東京：原書房。
若槻礼次郎
一九五〇　『古風庵回顧録』東京：読売新聞社。
和田信賢
一九四六　『放送ばなし――アナウンサア一〇年』東京：青山商店出版部。
F・ニーベル&C・ベイリー（笹川正博&杉渕玲子訳）
一九六〇　『もはや高地なし――ヒロシマ原爆 投下の秘密』東京：光文社。
L・ギオワニティ&F・フリード（堀江芳孝訳）
一九六七　『原爆投下決定』東京：原書房。

【参考文献】（映画）
新藤兼人監督・脚本
一九八八　『さくら隊散る』近代映画協会・天恩山五百羅漢寺。

や行



ら行



わ行

た行



な行



は行



ま行

# 人名索引

著者　岩田重則（いわた・しげのり）

1961年静岡県生まれ。専攻は歴史学／民俗学。1994年早稲田大学大学院文学研究科史学（日本史）専攻博士後期課程、課程修了退学。2006年博士（社会学。慶應義塾大学社会学研究科）。東京学芸大学教授を経て、現在、中央大学総合政策学部教授。著書に『ムラの若者・くにの若者――民俗と国民統合』（未來社、1996）、『戦死者霊魂のゆくえ――戦争と民俗』（吉川弘文館、2003）、『墓の民俗学』（吉川弘文館、2003）、『「お墓」の誕生――死者祭祀の民俗誌』（岩波新書、2006）、『〈いのち〉をめぐる近代史――堕胎から人工妊娠中絶へ』（吉川弘文館、2009）、『宮本常一――逸脱の民俗学者』（河出書房新社、2013）、『天皇墓の政治民俗史』（有志舎、2017）、『日本鎮魂考』（青土社、2018）、『火葬と両墓制の仏教民俗学』（勉誠出版、2018）、『靖国神社論』（青土社、2020）、『赤松啓介――民俗学とマルクス主義と』（有志舎、2021）など。

「玉音」放送の歴史学
八月一五日をめぐる権威と権力

2023年6月30日　第1刷印刷
2023年7月14日　第1刷発行

著者――岩田重則

発行人――清水一人
発行所――青土社

〒101-0051　東京都千代田区神田神保町1-29　市瀬ビル
［電話］03-3291-9831（編集）　03-3294-7829（営業）
［振替］00190-7-192955

印刷・製本――シナノ印刷

装幀――國枝達也


ISBN978-4-7917-7567-5